Improvisation, Tanz, Bewegung

Uhlenberg
Febr.' 89

Barbara Haselbach

Improvisation, Tanz, Bewegung

Fotos von
Hilde Zemann

Ernst Klett Verlag

Für die freundliche Bereitschaft, an den Fotoaufnahmen
mitzuwirken, danke ich
den Kindern der Volksschule Elsbethen bei Salzburg und
Ulrike Jungmair;
den Kindern der American School Berchtesgaden und
Ann Markwick;
den Teilnehmern des Faches „Multimediale Improvisation"
am Internationalen Sommerkurs des schweizerischen Berufs-
verbandes für Tanz und Gymnastik, Zürich 1972;
den Kindergruppen des Orff-Instituts und meinen Kolleginnen
Christiane Wieblitz, Johanna Deurer, Adelheid Weidlich
und vor allem den Studenten des Faches „Improvisation" am
Orff-Institut, ohne die dieses Buch nicht zustande gekommen
wäre.
Marie Claude Bovay danke ich für die kritische und hilfreiche
Durchsicht des Manuskripts.

CIP-Kurztitelaufnahme der Deutschen Bibliothek

Haselbach, Barbara:
Improvisation, Tanz, Bewegung / Barbara Haselbach.
Fotos von Hilde Zemann.
4. Aufl. – Stuttgart: Klett, 1987.
  ISBN 3-12-923180-3

NE: Zemann, Hilde:

ISBN 3-12-923180-3

Inhalt

Einführung in die Didaktik und Methodik tänzerischer Improvisation

1. Kreative Aktion oder didaktisches Spiel?

Welchen Stellenwert hat Improvisation in der Tanz-erziehung? Ist sie Unterrichtsprinzip, seltene Erholung vom Leistungsdruck, Alibi für überwiegend imitatives Lehren und Lernen, Mittel zum Zweck der Erfahrungssammlung, Vorstufe zur Gestaltung, themenloses Happening oder individuelles Experimentieren mit gestellten Aufgaben und Themen?

Alle diese Intentionen können mitunter ihre Berechtigung haben, doch sind sie abhängig von verschiedenen Ziel-gruppen, Vorbedingungen und Situationen. Es scheint notwendig, zuerst zwei gegensätzliche, sich jedoch ergän-zende Wirkungsweisen von Improvisation zu skizzieren: Improvisieren heißt: unter bestimmten Bedingungen etwas nicht Vorgeplantes tun, sich den Umständen (z. B. dem Thema, der Gruppe, dem Objekt, der Musik usw.) an-passen, sie zum Ausgangspunkt einer individuellen Ver-änderung oder Gestaltung machen. In der Kunstpädagogik ist der Begriff eng umrissen, hier bedeutet Improvisation spontanes Gestalten.

Improvisation als Erfahrung

Über die freie und spielerische Bewegung lernt das Kind in seiner frühkindlichen Phase grob- und feinmotorische Bewegungen auszuführen. Der größte Teil aller Bewegungs-erfahrungen wird gemacht und in motorische Aktivität umgesetzt, lange bevor das Kind zur Schule geht. Doch bleibt der Lernprozeß, bei dem die Motivation (Anregung, Auslösung, Bedürfnisspannung) zur Bewegung von einem Sinneseindruck ausgelöst wird, auch später von Bedeutung. Er führt zu einem differenzierten Körperbewußtsein, der Voraussetzung für Tanztechnik und Gestaltung.

Bei dieser Art der Improvisation — des spielenden Erfahrens — geht es in erster Linie um das Kennenlernen der vielfältigen Bewegungsfunktionen unseres eigenen Körpers:

- [ ] Welche Möglichkeiten haben die einzelnen Teile des Körpers nach ihren anatomischen Gegebenheiten?
- [ ] Welche Spannungsunterschiede können hergestellt werden, wie wirken sie sich auf die Bewegung aus?
- [ ] Wie verhält sich der ganze Körper oder seine Teile im Raum?
- [ ] Welchen Einfluß haben verschiedene Tempi der Aus-führung auf das Bewegungsempfinden?
- [ ] Wie wirkt sich räumliches, zeitliches und dynamisches Verhalten in den unterschiedlichen Bereichen des Körpers auf den tänzerischen Ausdruck aus?

Je nach der Art der Aufgaben, die sich auf den ganzen Körper oder nur auf Teile desselben beschränken, spricht man von

- [ ] ganzkörperlicher oder totaler Improvisation oder von
- [ ] partieller Improvisation.

Wenn ein Objekt, z. B. ein Luftballon, zur Bewegung provoziert und der Improvisierende mit seinem ganzen Körper darauf reagiert, den Ballon rollt, bläst, wirft, balanciert, stößt, fängt, und dies alles mit wechselndem Tempo in verschiedene Richtungen, so handelt es sich zweifellos um eine ganzkörperliche Improvisation. Hingegen ist die Aufgabe, sich auf die Funktionsmöglich-keiten der Hand zu konzentrieren, mit den Händen panto-mimische Darstellungen zu versuchen und mit einem Partner eine Handgeschichte zu spielen, deutlich eine partielle Improvisation.

Solche Experimente, die uns die Bewegungsmöglichkeiten unseres Körpers, die Ökonomie unserer Dynamik, die räumlichen und zeitlichen Dimensionen unseres Bewegungs-verhaltens kennenlernen lassen, können mit Partnern und Objekten erprobt und an inhaltliche oder abstrakte Auf-gabenstellungen gebunden sein. Sie stellen die Elementar-stufe der Improvisation dar und fördern die Sensibilität des einzelnen, verhelfen ihm zu den nötigen subjektiven Erfahrungen, die für alle Arten des Tanzes notwendig und bereichernd sind.
Improvisation als Sensibilisierungserfahrung oder Sensibilisierung durch Improvisation ist die nach außen unscheinbarste, am wenigsten spektakuläre Improvisations-form. Ihr Schwerpunkt liegt nicht im kreativen Tun, sondern in der individuellen Wahrnehmung und deren Differenzierung, die jedoch nicht ohne eigene Aktivität stattfinden kann.

Von allen dabei zu fördernden Sinnen ist der kinetische Sinn (auch Muskel- oder Lagesinn), der uns über die Stellung der Gelenke, die Spannung der Muskulatur und die Lage unseres Körpers informiert, neben dem Balance-sinn der wichtigste.
So verstanden, kann Improvisation auf der Elementarstufe durchaus ein Unterrichtsprinzip werden, wenn auch keines-

falls eine ausschließliche Methode. Persönliche Erfahrung und individuelles Lerntempo sind eine subjektive Basis, auf der dann eine objektive Technik oder eine vorkonzipierte Choreographie aufgebaut werden kann.

Improvisation als inhaltliche und formale Spontangestaltung

Jeder Mensch verfügt über ein Repertoire an vielfältigen Sinneseindrücken aus den Bereichen des akustischen, visuellen, taktilen, kinetischen Sinns, des Geschmacks-, Geruchs- und Balancesinns. Der geringste Teil dieser Eindrücke wird durch institutionalisiertes Lernen erworben. Dieses Riesenarchiv steht dem Individuum bereit zu neuen Handlungen, Phantasien oder Träumen. Alle gespeicherten Erfahrungen und Eindrücke sind Partikel eines neuen, bewußt oder unbewußt gestalteten Ausdrucks.

Wie wir wissen, ist es dem Menschen, besonders dem kreativen jungen Menschen auf die Dauer unmöglich, immer nur aufzunehmen. Es entsteht mit der Zeit ein Stau, der sich in dem Bedürfnis äußert, die angespeicherten Erfahrungen auf eigene Weise anzuwenden und umzusetzen. Auf dieser Erkenntnis beruht die zweite, grundsätzlich andere Anwendung von Improvisation im Rahmen der Tanz- und Bewegungserziehung.

Improvisation bedeutet in diesem Zusammenhang den spielerischen, experimentellen, vorläufigen, spontanen Umgang mit zuvor erfahrenem und gesammeltem Bewegungsmaterial, das seine augenblickliche Gestalt erhält durch das Thema oder die Motivation, die individuellen Möglichkeiten des einzelnen und die durch die momentane Situation gegebenen Bedingungen. Ihr Ziel ist das „Nach-außen-Bringen" von zuvor verinnerlichten Eindrücken. Sie will Gedanken, Emotionen und Motionen eine Form geben, die nicht endgültig oder kalkuliert, sondern flüchtig und vorläufig ist, nur für den Augenblick gültig, und die in der Wiederholung des Versuchs bereits wieder verändert und durch neuerliche Impulse und Reaktionen zu einer wieder nur vorübergehenden, skizzierten Gestalt gebracht wird.

Aus Improvisation kann durchaus — und zwar auf jeder Stufe tänzerischer Entwicklung, bis zu einem gewissen Grad sogar auf der Elementarstufe — „Gestaltung" werden. Tänzerische Gestaltung bedeutet klare Gliederung, Wiederholbarkeit, inhaltliche und formale Entwicklung und Aufbau und je nach Thema bestimmte stilistische Elemente. Zum spontan Skizzierten, Improvisierten muß die Überlegung, die logische, sinnbezogene Konstruktion und die Präzision der Ausführung kommen, damit eine dem jeweiligen Niveau entsprechende optimale Gestaltung oder Tanzform entsteht. Skizze und fertige Choreographie können zwar (z. B. durch Videoaufnahmen) miteinander verglichen werden, um den Entwicklungsprozeß deutlich zu machen, sie sollten jedoch nie vergleichend gewertet werden.

Eine solche Wertung fällt meist zugunsten des Fertigen, Wiederholbaren aus und wird dem Wesen der Improvisation selten gerecht.

Improvisation kann also Anregung, Vorstufe oder Versuchsfeld zu tänzerischen Kompositionen, zu Gestaltungen sein. Sie hat daneben aber durchaus auch Selbstzweck. Ihr Wert liegt in der Entwicklung der Fähigkeiten zu spontanem Gestalten und Ausdrücken. Das heißt nicht, daß Überlegung und Reflexion ausgeschaltet werden müssen. Sie finden selbstverständlich auch statt; aber das Schwergewicht liegt nicht in der nahezu ausschließlich bewußt und kalkulierend beabsichtigten Formgebung, sondern in der Verwandlung von Einfällen, Handlungen und Reaktionen, die sich bis zu einem gewissen Grad sowohl der Selbstkontrolle als auch der Objektivierung durch den Leiter oder andere entziehen. Gerade dieses Entstehenlassen von Ideen, das Wartenlernen auf einen Einfall ist wichtig, aber auch das wachsende Vertrauen, ihn aufzunehmen, mit ihm zu spielen, ihn zu verändern oder folgerichtig und konsequent zu entwickeln. Improvisation dieser Art ist sowohl für kreative Aktionen als auch für die didaktische Absicht von Bedeutung. Die Form solcher Improvisation kann zwischen äußerlich organsiertem Ablauf und formal offenem Happening liegen, sie kann erlebnis- oder leistungsorientiert sein, vom einzelnen in Unabhängigkeit von anderen erfolgen oder als gegenseitige Reaktion innerhalb einer Gruppe durchgeführt werden.

Zusammenfassung

Improvisation ist primär kreative Aktivität. Durch die lernzielorientierte Themenstellung und die Führung durch einen Leiter im Rahmen institutionalisierten Unterrichts kann sie außerdem als didaktisches Spiel eingesetzt werden. Sie ist als Koordinate anzusehen, die in zwei entgegengesetzte Richtungen wirkt, nämlich:
Improvisation als Erfahrung, als spontane und individuelle Auseinandersetzung, als Kontaktnahme und spielerisch-experimentelle Beziehung zu Fakten (Körper, Objekte, Raum, Partner, Kraft, Musik, Inhalten usw.) führt von außen über den Weg der Wahrnehmung und Bewußtwerdung zur eigenen Innenwelt.

Eindrücke der Außenwelt
(zwischenmenschliche Beziehungen, Umwelt, Natur, Kunst usw.)
↓
Wahrnehmung
↓
Erfahrung-Bewußtwerdung
↓
Innenwelt

Improvisation als Gestaltung führt von innen nach außen. Hier wird mit den gespeicherten Eindrücken ein spontaner Ausdruck, eine nicht kalkulierte Formgebung versucht.

Dabei entsteht eine neue, vom Individuum oder von der Gruppe in Inhalt, Ausdruck und Form bestimmte und gebildete Außenwelt. Diese wieder kann neuer Ausgangspunkt für Erfahrungen, Wahrnehmungen und Eindrücke werden. Der Kreislauf schließt sich.

Innenwelt
(Emotionen, Gedanken, Bedürfnisse usw.)
▮
Ausdrucksbedürfnis
▮
Gestaltungswille
▼
Inhaltliche und formale Spontangestaltung als neuerlich beeindruckendes Produkt der Außenwelt

Die Differenzierung in „erfahrend — nach innen wirkend" und „gestaltend — nach außen wirkend" ist theoretisch und gibt ein Modell des Improvisationsprozesses. In der Realität kommt es zu einem ständigen Austausch und zu wechselseitiger Beeinflussung beider Richtungen.

2. Lernziele der Improvisation

Im allgemeinen gelten für die Improvisation die gleichen Lernziele wie für die Tanzerziehung insgesamt, abgesehen von den Bereichen, die sich mit Information über und Erarbeitung von tradierten Tanzformen sowie der Reflexion darüber beschäftigen. Da die Tanzerziehung und innerhalb dieser die Improvisation keinesfalls nur fachspezifisch, sondern immer auch persönlichkeitsbildend zu sehen ist, wird im folgenden nicht nur der fachlich-pragmatische, sondern auch der emotionale, kommunikative, kreative und kognitive Bereich angeführt, soweit eine Förderung in diesen Bereichen durch Bewegung möglich erscheint.

I. Pragmatischer Bereich

1. Sensibilisierung und Körperbewußtsein
a) Kinetischer Sinn
b) Balancesinn
c) Taktiler Sinn
d) Visueller Sinn
e) Akustischer Sinn

2. Aufbau und Korrektur der Haltung
a) Lockern — Dehnen — Kräftigen
b) Arbeit an den Grundfunktionen
c) Korrektur von Haltungsschäden
   (dieses Gebiet benötigt im allgemeinen ganz bestimmte orthopädische Übungen, ist daher für Improvisation nur wenig geeignet)

3. Entwicklung und Differenzierung der Motorik
a) Grob- und Feinmotorik
b) Grundformen der Bewegung (nach R. v. Laban)
c) Räumliche Orientierung (im eigenen Körper, der persönlichen Kinesphäre und dem allgemeinen Raum)
d) Zeitliche Differenzierung (metrisch und ametrisch)
e) Dynamische Differenzierung (Spannungsgegensätze, Steigerungen, Akzente usw.)
f) Varianten der Bewegungsgrundformen (inhaltlich, räumlich, zeitlich, dynamisch, mit Partner)
g) Verbindungen der Grundformen oder ihrer Varianten (simultan oder sukzessiv)

4. Aufbau eines Repertoires an Tanzmaterial, Tänzen und Gestaltungen
a) Spezielles Material verschiedener Stilbereiche
b) Improvisationen in unterschiedlichen tänzerischen (geschlossene und offene Reigen, Platzwechseltänze usw.), tanzmusikalischen (AB, ABA, Rondo, Variationen usw.) Formen und Stilen (historischer Stil, Jazz, Folklore, Modern dance usw.)
c) Überlegungen zu soziokulturellen und psychologischen Hintergründen der zu erarbeitenden Tänze und Gestaltungen

II. Sozialer und kommunikativer Bereich

a) Mitteilen (Aussenden) und Verstehen (Empfangen) von Kommunikationsinhalten
b) Selbständigkeit und Verantwortung
c) Kooperation (Führung und Einordnung) mit:
   ☐ einem Partner
   ☐ einer Kleingruppe
   ☐ einer Großgruppe

III. Kreativer Bereich

a) Exploration und Experiment
b) Individualität und Eigeninitiative
c) Spontaneität
d) Flexibilität
e) Synthese

IV. Emotionaler Bereich

a) Vertiefung der Erlebnisfähigkeit durch Sensibilisierung und Erlebnisangebote
b) Intensivierung des Ausdrucksbedürfnisses und der Ausdrucksfähigkeit

Blindimprovisation in Paaren: In kontinuierlich langsamer Hoch-tief-Bewegung verändern die Partner mit geschlossenen Augen ihre Berührung, ohne sie gänzlich zu lösen.

Partnerimprovisation — gestische Kettenreaktion: Aus einer beliebigen Anfangsposition entwickelt sich durch wechselseitiges Reagieren des einen Partners auf den anderen eine tänzerische Bewegungssequenz.

V. Kognitiver Bereich

a) Problemfindung und Lösung
b) Vorstellungsfähigkeit
c) Konzentration
d) Kombinationsfähigkeit
e) Gedächtnis (Schulung vorwiegend des motorischen, aber auch des kombiniert akustisch-motorisch-visuellen Gedächtnisses)
f) Formverständnis
g) Sprachliche Förderung (Bereicherung und Differenzierung, Ausdrucksfähigkeit)

Jeder Praktiker weiß selbstverständlich, daß eine derart systematische Trennung in einzelne Bereiche in der Realität weder durchführbar noch sinnvoll ist. Wollte man darauf bestehen, so würde alles Kreative und Spielerische, ja letztlich die Improvisation selbst dabei verlorengehen.

Diese Aufstellung sollte vielmehr so verstanden werden, daß bei jedem Thema möglichst viele, am besten alle Bereiche angesprochen werden, wobei das konkrete Thema aus einem der vier Gebiete des pragmatischen Bereichs stammt, in der Durchführung kreative und kommunikative Momente eine sehr wichtige Rolle spielen, wodurch eine mehr oder weniger starke emotionale Auswirkung entstehen kann. In der Reflexion über die Improvisation werden emotionale Aspekte bewußtgemacht beim Nachdenken über das eigene Verhalten und das der anderen. Der kognitive Bereich wird sowohl in der Auswertung und Beurteilung der Improvisation als auch in der spontanen Aktion selbst angesprochen.

Generell ist davor zu warnen, zu viele und zu differenzierte Lernziele aufzustellen. Dadurch wird der Charakter des didaktischen Spiels überbetont, und es entsteht die Gefahr, daß die kreativen Ansätze der Teilnehmer einem zwanghaften Ereichen der Lernziele untergeordnet werden. Entwickelt sich eine Improvisationsstunde durch Impulse der Teilnehmer überzeugend in eine andere als die beabsichtigte Richtung, so sollte der Leiter Flexibilität genug haben, seine Pläne zurückzustellen, um die Kreativität der Gruppe nicht zu unterdrücken. Seine Lernziele können in einer anderen, eventuell nicht improvisationsbetonten Stunde verwirklicht werden.

3. Sozialformen in der Improvisation

Improvisation kann sehr wesentlich zur Förderung der Kommunikation und des sozialen Verhaltens beitragen. Gerade in der relativ freien Aktivität der Teilnehmer können sich Selbständigkeit und Einordnung, Verantwort-

lichkeit und Anpassung bis hin zur unabhängigen Kooperation in verschiedenen Gruppierungen entwickeln. Es gehört mit zu den Aufgaben der Improvisationsleitung, Aufgaben und Themen so zu stellen, daß die Fähigkeit, mit anderen zu spielen oder zu arbeiten, langsam wächst. Allerdings ist das hier wie anderswo ein Prozeß, der lange Zeit benötigt.

In der Beziehung zwischen Gruppe und Leiter unterscheiden wir zwei Formen der Improvisation:
☐ Freie Improvisation
☐ Gebundene Improvisation

Freie Improvisation

Sie findet entweder ohne Leiter statt, oder dieser nimmt als ein gleichgestelltes Gruppenmitglied daran teil. Daraus ergibt sich für ihn allerdings eine Konsequenz, deren er sich bewußt werden muß: Entweder er versucht, das Gesamtgeschehen zu beobachten und zu überblicken, dann wird er schlecht improvisieren, oder er bemüht sich, „voll einzusteigen", dann muß er auf die Übersicht und damit auch auf eine Gesprächsleitung in der Reflexion verzichten.

Bei einer „leiterlosen" Improvisation ergeben sich, wie auch bei jedem freien Spiel, sehr bald bestimmte Rollenverteilungen unter den Teilnehmern. Die Aktivsten, Einfallsreichsten, oft allerdings auch die Lautesten und Dominanten übernehmen eine Art sozialer Führungsrolle.

Freie Improvisation kann unter Umständen chaotisch ausarten und damit zu Frustrationen führen, vor allem dann, wenn bei den Mitwirkenden fachliche Erfahrung und soziale Reife fehlen. Die entsprechenden fachlichen Erfahrungen können im Tanzunterricht generell und in der gebundenen Improvisation im besonderen gewonnen werden. Soziale Reife hingegen ist von verschiedenen Faktoren abhängig (Alter, Führungsstil in der Erziehung, Umwelteinflüsse usw.). Entscheidende Beeinflussung oder Veränderungen sind durch den Tanzunterricht nur sehr selten zu bewirken.

Gebundene Improvisation

Das Thema, das vom Leiter, der Gruppe oder von einem Teilnehmer vorgeschlagen wurde, wird bei der gebundenen Improvisation unter der Führung und dem behutsamen Einfluß des Leiters erarbeitet. Aus seiner Kenntnis der Gruppe wird er die ihm richtig erscheinende Motivation suchen und durch entsprechende Vorstellungshilfen Anregungen geben. Er wird unter Umständen die Improvisation unterbrechen, um Teilnehmer ihre Erfahrungen berichten oder zeigen zu lassen und ihnen damit zu neuen Ansatzmöglichkeiten zu verhelfen. Gebunden heißt aber auch, an einer bestimmten Zielsetzung, nämlich an den Lernzielen, orientiert zu bleiben.

Der Leiter muß überlegen, welche Aufgabenstellung geeignet ist für:
a) Einzelne
b) Paare
c) Kleingruppen
d) Großgruppen

Einzelimprovisation

Individuelle Erfahrungen mit gestellten Aufgaben sind fast immer die Voraussetzung für Improvisationen mit einem Partner, einer kleineren oder größeren Guppe. Darüber hinaus sind manche Themen jedoch besonders zur solistischen Improvisation geeignet und kommen vorwiegend aus dem Bereich der Sinnesschulung und der Entwicklung des Körperbewußtseins.
Solche Erfahrungen müssen vom Individuum zuerst allein vollzogen werden. Auch Spiele mit (oder unter Verwendung von) Objekten sind als Materialerfahrung für einzelne geeignet.

Es gibt allerdings gewisse Situationen, in denen auch Sensibilisierungsaufgaben mit Partnern zweckvoll sind (z. B., wenn die Zahl der Improvisierenden so groß ist, daß der Leiter sie kaum überblicken kann, oder der Raum für die Bewegung aller nicht ausreicht). In solchen Fällen kann einer der Partner beobachten, helfen und eventuell bestimmte Einzelheiten der Aufgabe variieren, dabei auch auf die Einhaltung der „Spielregel" achten. Nach einiger Zeit werden die Rollen gewechselt. Voraussetzung ist allerdings, daß beide Partner über entsprechende Beobachtungsfähigkeit und Erfahrung verfügen.

Bei fortgeschrittenem technischem Können, improvisatorischer Erfahrung und gestalterischen Fähigkeiten können solistische Aufgaben zu allen Themenbereichen (vielleicht mit Ausnahme von Kommunikationsthemen) gestellt werden. Die Einzelimprovisation wird hier als Vorstufe zu Solotänzen eingesetzt.

Improvisation mit einem Partner

Charakteristisch daran ist vor allem der Wechsel von Aktion und Reaktion. Das soziale Lernziel kann im Übergang von Führung und Anpassung liegen, aber auch im Bemühen, ohne dominante Führung gemeinsam eine Aufgabe zu lösen.
Zur ersten Form gehören Themen wie „Frage — Antwort", „Kontrast", „Spiegelbild", jeweils mit deutlicher Rollenverteilung. Zur zweiten Form zählen Aufgaben wie: „Zwei nebeneinanderstehende Partner fassen sich leicht an Händen oder Schultern und versuchen gemeinsam, ihre

Richtung und ihre Raumwege zu ändern, wobei sich Tempo und Art der Bewegung an die Raumform anpassen. Der Bewegungsfluß soll ohne Stockung oder Unterbrechung erfolgen, für den Beobachter soll eine Führung nicht erkennbar sein." Hier ist die Rollenverteilung zwischen Führendem und Geführtem aufgehoben.

Improvisation in Kleingruppen

Kleingruppen umfassen etwa 3 bis 6 Personen. Die Gruppe kann noch als Einheit aufgefaßt werden, in dem Sinne, daß jedes Mitglied mit jedem anderen in der Improvisation Kontakt aufnehmen und auf Anstöße eines jeden reagieren kann. Die Gruppe ist also von innen noch überschaubar. Besonders geeignete Themenkreise sind „Variationen", „Kettenreaktionen", „Reihenformen" usw.

Improvisation in Großgruppen

Die Kontaktaufnahme aller Mitglieder untereinander ist nicht mehr möglich. Meist kontaktieren alle den Anführer der Gruppe, sofern ein solcher durch das Thema nötig ist, oder es bilden sich innerhalb der Großgruppe mehrere Kleingruppen, die nur einen losen Zusammenhang aufweisen. Oft ist eher von einem „Sich-Begegnen" als von einem Miteinander-Improvisieren zu sprechen.
Ein Anfänger wird sich in einer großen Gruppe wohl fühlen, da er sich darin verstecken kann und der Beobachtung zu entgehen meint. Schwerpunkt der Improvisation in Großgruppen liegt in den sozialen Erfahrungen, weniger im Gestaltungsvorgang.
Die Auswahl der Partner oder die Zugehörigkeit zu einer Gruppe sollte den Improvisationsteilnehmern freistehen. Nur im Fall sozial nicht integrierter Personen ist eine behutsame Lenkung nötig. Wenn eine zu große Konstanz der Beziehungen vorherrscht, wodurch Cliquenbildung einerseits und Außenseiter andererseits entstehen, sollte eine Aufforderung zum Partner- oder Gruppenwechsel erfolgen.

4. Methoden der Improvisationsleitung

Improvisation, auch Gruppenimprovisation, bedarf nicht unbedingt einer Leitung. Doch sind dazu folgende Voraussetzungen notwendig, die übrigens auch für Improvisation ganz allgemein gelten: Spontaneität, Kreativität, Materialerfahrung und technische Grundlagen, Kooperation, gemeinsame Themenfindung und Auswertung, Offenheit in der Diskussion, Eigenmotivation usw. Sehr häufig sind diese Fähigkeiten anfänglich nicht vorhanden und müssen erst langsam entwickelt werden. In diesem Fall übernimmt der Leiter eine gewisse Verantwortung für die Gruppe. Seine Aufgabe ist es, jedem einzelnen Mitglied zu möglichst vielfältigen und intensiven Eigenerlebnissen zu verhelfen, zu selbständiger Gruppenarbeit anzuregen und zu ermutigen.

Für den Improvisationsleiter ergeben sich drei Schwerpunkte, die in unterschiedlicher Weise behandelt werden können:

☐ Einführung und Vorstellung des Themas
☐ Behandlung und Durchführung des Themas
☐ Reflexion und Evaluierung der Improvisation

Alle drei Phasen sind für das Gelingen der einzelnen Improvisationsstunde wie auch für das weitere Interesse der Gruppe an improvisatorischer Arbeit von Bedeutung.

Einführung und Vorstellung des Themas

Grundsätzlich können Anregungen zur Improvisation sowohl von einzelnen Gruppenmitgliedern als auch vom Leiter kommen. Themen aus der Gruppe sollten nach Möglichkeit schon vor der jeweils für die Improvisation vorgesehenen Zeit mit dem Leiter besprochen werden. Oft ist eine Beschaffung von Materialien, Musik und anderen Medien nötig. Bei fortgeschrittenen Gruppenmitgliedern (Jugendliche oder Erwachsene) kann mitunter die gesamte Vorbereitung und Durchführung des Themas von einzelnen oder einem kleinen Team übernommen werden.

Konkrete Vorstellung des Themas

Durch eine konkrete und anschauliche Darstellung der Idee, die für die Improvisation verwendet werden soll, ergibt sich eine objektive Ausgangssituation — im Gegensatz zu „ungefährem" Verstehen zwar bei Themen, die eine gewisse Beobachtung voraussetzen würden, die aber nicht von allen Teilnehmern, vor allem nicht von Kindern erwartet werden kann.

Beispiele für konkrete Erfahrungen, die Ausgangspunkt für improvisatorische Darstellung werden können, sind z. B. Magnet, Mobile oder Stabile, Kaleidoskop u. ä. Die eigene Anschauung hilft, das Charakteristische des Themas herauszufinden und — allein, in kleiner Gruppe oder mit einem Partner, eventuell auch unter Mithilfe des Leiters — zu formulieren. Dadurch ist ein verbindlicher Rahmen gegeben, innerhalb dessen durch unterschiedliche und individuelle Interpretation subjektive Lösungen des gemeinsamen Themas oder Problems gefunden werden. In den erwähnten Beispielen geht es in erster Linie um das Entdecken von Gesetzmäßigkeiten, also um objektivierbare Eigenschaften des Anschauungsmaterials.

Eine andere Art konkreter Auseinandersetzung ist das Betrachten von Bildern, Plastiken oder ähnlichem, auch das Anhören von Musik. Hierbei ist zwar der Ausgangspunkt auch ein objektives Material, doch können die Eindrücke und Meinungen darüber durchaus subjektiv und unterschiedlich sein. In diesem Fall kann es nicht zu einer einheitlichen Auffassung kommen, sondern einzelne und Kleingruppen versuchen, ihre Auffassung zu realisieren.

Verbale Vorstellung des Themas

Hier wird an Erfahrungen, Wissen und Eindrücke angeknüpft, die oft außerhalb des Tanzunterrichts gesammelt wurden. Die soziokulturellen Voraussetzungen einer Gruppe sind jedoch häufig unterschiedlich, so daß sich der Leiter vor der Formulierung der Aufgabe vergewissern sollte, ob die entsprechenden Voraussetzungen bei allen Teilnehmern vorhanden sind.

Der Leiter kann sich bemühen, das Thema so plastisch und lebendig wie möglich zu schildern; dabei prägt er allerdings durch seine Interpretation und subjektive Auffassung die Gruppe vor. Die Suggestion, die von solchen Beschreibungen ausgehen kann, wird unter Umständen die Gruppe sehr stark motivieren; allerdings handelt es sich dabei vorwiegend um Fremdmotivation durch den Lehrer.

Das andere Extrem liegt in einer möglichst sachlichen und nicht engagierten Formulierung des Themas. Dadurch sind subjektive Beeinflussungen weitgehend ausgeschaltet. Allerdings ist auch die Dichte der Atmosphäre und die Anregung zur individuellen Darstellung meist geringer.

Verbale Anregung kann auch mit Vorstellungsbildern arbeiten, z. B., wenn das Thema „Parallelbewegung" mit Hilfe der Vorstellung von Scheibenwischern, Eisenbahngleisen usw. eingeführt wird.

Behandlung und Durchführung des Themas

Bei der Erarbeitung des Themas sind die wichtigsten Faktoren:

a) Verständnis des gestellten Themas und Einsicht in seine Problematik
b) Beherrschung der nötigen körperlichen Ausdrucksmittel
c) Fähigkeit zur Kooperation

Der erste Punkt sollte durch die Vorstellung des Themas bereits erledigt sein, an b) und c) kann auch im Verlauf der Improvisation weitergearbeitet werden. Dazu bieten sich zwei methodische Verfahrensweisen an:

☐ Ganzheitlich-analytische Methode
☐ Elementenhaft-synthetische Methode

In der Unterrichtspraxis wird nur selten die eine oder die andere Methode ausschließlich gewählt, häufig sind Überschneidungen durchaus möglich und hilfreich.

Improvisation im ganzheitlich-analytischen Verfahren

Darunter versteht man den Versuch, das Thema vom Anfang an in seiner Gesamtheit zu realisieren, eingedenk aller Unvollkommenheiten und möglicherweise vorhandenen Schwierigkeiten. Aus den sich ergebenden Problemen wird der weitere Verlauf der Stunde entwickelt.

Ein kurzes Beispiel soll diesen Weg veranschaulichen: Das Thema „Maschine" wurde anhand eines Uhrwerks, eines Elektrobaukastens oder einer anderen, nicht zu komplizierten Maschine eingeführt. Das Charakteristikum — ineinandergreifende Bewegung von Einzelteilen, die sich gegenseitig in ihrer Funktion bedingen — wurde besprochen und theoretisch erkannt. Gruppen bilden sich und versuchen, diese Gedanken mit oder ohne akustische Begleitung in ein Gruppengeschehen umzusetzen. Das Ergebnis wird voraussichtlich folgende Probleme aufweisen: unpräzise, wenig „maschinenhafte" Bewegungen, zuwenig Variabilität in Motiven, Tempi, Positionen und Richtungen, geringe gegenseitige Beeinflussung; vages Zusammenspiel der „Einzelteile".

Aus der Analyse der Schwierigkeiten, die sich beim Betrachten einiger Lösungen bewußtmachen lassen, muß der Leiter nun Zwischenaufgaben finden, die zur Lösung des einen oder anderen Problems beitragen. Er wird die Gruppe darauf hinweisen, daß maschinelle Bewegungen sich stereotyp wiederholen, daß sie in Raumrichtung und Dimension der Bewegung sehr klar und eindeutig sind, daß beispielsweise ein Zahnrad wirklich ins andere greifen, ein Hebel den anderen erreichen muß, damit das Werk funktioniert. Zu all diesen Teilgebieten wird er Aufgaben stellen, sie erst von jedem Teilnehmer allein, dann von Paaren und kleinen Gruppen probieren lassen. Die Ergebnisse sollen immer wieder auf das Hauptthema bezogen werden, so daß der Zusammenhang damit nicht aus dem Bewußtsein der Improvisierenden verschwindet.

Positiv an dieser Methode ist unter anderem das Üben in einem größeren Zusammenhang. Die Teilnehmer erkennen aus ihren anfänglichen Schwierigkeiten, warum einzelne Aufgaben gestellt werden, und haben ständig das ihnen bereits bekannte Ziel vor Augen.

Negativ kann sich eine nach dem ersten Versuch entstehende Frustration auswirken. Die Mitglieder der Improvisationsgruppe bemerken zwar, daß ihre Darstellung nicht zufriedenstellend ist, daß ihre Mittel ihren Absichten nicht gerecht werden, sie sehen aber im Augenblick noch nicht, wie diese Probleme gelöst werden können. Es ist notwendig, eine gewisse Frustrationstoleranz zu entwickeln.

Ist eine Gruppe bereits improvisationserfahren, kann sie konzentriert und selbständig arbeiten, dann wird sie auch zur Analyse der Probleme selbst fähig sein und Vorschläge zu deren Lösung selbst finden. Ist dies nicht der Fall, so muß der Leiter diese Aufgabe übernehmen oder zumindest dabei behilflich sein.

Improvisation im elementenhaft-synthetischen Verfahren

Dieser Weg baut auf Einzelheiten und Elementen auf, verhilft also zu Vorerfahrungen und später benötigten Fähigkeiten, aus denen sich zuletzt eine Improvisation ergibt, die aufgrund ihrer sorgfältigen Vorbereitung eine optimale Verwirklichung darstellt.

Die Methode soll an demselben Beispiel „Maschine" anschaulich gemacht werden:

Die Einführung des Themas erfolgt wie oben beschrieben. Daran schließt sich ein kurzes Gespräch an, wie man die Funktionen der Maschine in menschliche Bewegungen übertragen könnte. Einzelne Teile der Maschine werden in Raumweg und Bewegungsimpuls genau beobachtet und selbst ausprobiert: Stoßbewegungen eines Kolbens, Übertragung der Kraft durch Anstoß eines Maschinenteils an einen anderen, Ineinandergreifen von Zahnrädern usw.

Zuerst werden alle Teilmomente erarbeitet, die für das individuelle Bewegungsverhalten notwendig sind: genaue Bewegungsvorstellung, raumpräzise Ausführung, Anwendung verschiedener Bewegungsvarianten (Stoßen, Drücken, Pressen, Schlagen, Ziehen, Heben, Drehen, Pumpen usw.) in unterschiedlichen Richtungen, mit verschiedenen Körperteilen, aus diversen Positionen (stehend, kniend, sitzend, liegend). Nach den Einzelerfahrungen werden die Aufgaben so gestellt, daß zwei, später drei und mehr Personen miteinander improvisieren und sich dabei aufeinander einstellen.

Die Motive der einzelnen müssen gegenseitig aufeinander wirken, sich in ihrer „maschinellen Funktion" bedingen. Sie können also nicht alle unabhängig voneinander zur selben Zeit erfunden werden, sondern eines nach dem anderen wird sozusagen „ineinandergebaut". Nachdem Zwischenresultate gemeinsam betrachtet und besprochen wurden, erwächst nach all diesen Vorbereitungen die vorläufig endgültige Improvisation der einzelnen Gruppen.

Diese Methode, bei der vom Leiter der Entwicklungsstand jedes einzelnen Teilnehmers durch Individualisierung der Aufgabenstellung berücksichtigt werden kann, überfordert kaum jemals die Möglichkeiten der Gruppe und ihrer Mitglieder. Ihre Gefahr liegt eher darin, daß die ursprüngliche Motivation im Laufe der Vorübungen verblaßt. Man sollte daher das Gesamtthema entweder erst im Laufe der Vorimprovisationen einführen oder den Bezug der Einzelaufgaben zur Gesamtheit des Themas immer wieder herstellen.

In der Unterrichtsrealität kommt es häufig zu Mischformen. Die Vorstellung und Einführung stellt, zumindest als Ziel, eine orientierende Ganzheit dar, die nach einer gemeinsamen Analyse der notwendigen Voraussetzungen meist in elementhaft-synthetischer Weise — durch differenzierte Aufgabenstellung zu den einzelnen Teilproblemen — erreicht werden soll. Den Abschluß bildet die nun erreichte, für den Augenblick optimale Darstellung des Themas, an die sich in der Reflexion eine neue Analyse anschließen kann.

Reflexion und Evaluierung der Improvisation

Es ist sehr sinnvoll und hilfreich, wenn auch nicht überall gebräuchlich, Improvisationen mit einer Art Nachbesprechung zu Ende zu führen. Einerseits besteht nach einer Zeit des nonverbalen Agierens das Bedürfnis, sich auch verbal auszudrücken und angestaute Eindrücke zu diskutieren. Andererseits soll auch das Ergebnis, seine mögliche Weiterführung und ähnliches besprochen werden. Zwei methodische Hilfen bieten sich an:

☐ Gedächtnisprotokoll
☐ Gespräch

Gedächtnisprotokoll

Dies läßt sich nicht mit Kindern, wohl aber mit Jugendlichen und Erwachsenen realisieren und kann eine individuelle Reflexion bedeuten und als solche nur dem eigenen gedanklichen Nachvollzug dienen, es kann aber auch als Grundlage für eine spätere oder anschließende Diskussion verwendet werden. Die Notizen sollten sowohl Bemerkungen über das eigene Verhalten und das der anderen als auch Beobachtungen über die Schwierigkeiten und das Gelingen bei der Themenlösung enthalten. Für Studenten ist es zudem eine Gedächtnisstütze über den Aufbau der Stunde, für den Leiter Hilfe zur Nachbereitung und Kontrolle über Ablauf und Ergebnisse des Improvisationsprozesses.

Gemeinsames Gespräch

Hier werden ähnliche Punkte wie im Protokoll erörtert. Reaktionen der einzelnen oder der Partner, geglücktes oder versäumtes Aufnehmen von Ideen, das Wohlbefinden oder Schwierigkeiten der Kommunikation sollen zum Ausdruck gebracht werden. Jeder einzelne sollte sich ermutigt fühlen, seine persönlichen Erfahrungen und Eindrücke auszusprechen, doch liegt die Entscheidung nur bei ihm selbst, er darf sich nicht dazu gedrängt fühlen.

Darüber hinaus ist der Verlauf der Improvisation — ihr Gelingen oder Mißlingen — zu erörtern. Einzelne Darstellungen verschiedener Gruppen können besprochen werden. Assoziationen, Vergleiche mit früheren Improvisationsprozessen, Themen oder Lösungen, Ideen zur Weiterarbeit und ähnliches wird zu Sprache kommen.

Je nach Zusammensetzung der Gruppe und ihren Intentionen wird die Reflexion unterschiedliche Schwerpunkte haben. Die fachliche Aufarbeitung des Themas und des Improvisationsvorgangs, die Reflexion über die Aufgabenstellung, auch die Aktivität des Leiters kann für Ausbildungsstudenten zeitweise im Vordergrund stehen. Für Teilnehmer einer therapeutisch orientierten Improvisationsgruppe wird das persönliche Sichbefinden, werden Kommunikationsansätze oder -schwierigkeiten vorrangig sein. Bei Kindern und Jugendlichen wird das Gelingen der Improvisation nebst sich daraus ergebenden neuen Ideen als Reflexion über kreatives und kommunikatives Verhalten besonders wichtig sein.

Für alle Gespräche dieser Art ist es wichtig, daß die Diskussion von seiten der Teilnehmer entsteht. Der Leiter soll sich soweit wie möglich zurückhalten. Unterschiedliche Meinungen können weitgehend von den Teilnehmern selbst geklärt werden. Unter Umständen muß von allen auch einmal ein Schweigen ertragen werden können. Zeitdruck ist in solchen Fällen besonders hinderlich.

Dauer der Improvisation

Darüber lassen sich keine allgemeingültigen Angaben machen. Wie lange eine Gruppe improvisieren will und kann, das hängt von ihrer Zusammensetzung, ihrem Erfahrungsniveau und Können, ihrer allgemeinen Zielsetzung, aber auch vom Thema ab. Improvisationsanfänger sollten sich zuerst nur kürzere Zeit mit dieser ihnen fremden Arbeitsweise auseinandersetzen, Fortgeschrittene werden von sich aus länger arbeiten wollen.

Sollte für den Leiter nur wenig Zeit für Improvisation zur Verfügung stehen, muß er sorgfältig überlegen, welche Aspekte seiner Arbeit am besten auf diesem Wege erarbeitet werden können. Bei Improvisation kann man sich nicht eilen. Da Improvisation eine besondere Arbeitsweise innerhalb der Tanzerziehung darstellt, muß sie immer auch im Zusammenhang mit deren anderen Aufgaben und Methoden gesehen werden.

5. Funktionen des Improvisationsleiters

Der Leiter von Improvisationsgruppen muß vielfältige Aufgaben erfüllen, die von ihm einige Voraussetzungen fordern:

Fachliche Erfahrung

Dies betrifft seine eigene tänzerische Bildung wie auch die Erfahrung mit dem entsprechenden Thema. Auch wenn er selbst nicht tänzerisch aktiv mitwirken soll, so sind seine eigenen Erfahrungen und sein Können Voraussetzungen für die Progression der Aufgabenstellung und für die Beobachtung und Beurteilung der entstehenden Improvisationen.

Improvisationserfahrung

Um sich mit der Gruppe oder dem einzelnen identifizieren zu können, ihre Probleme und Hemmungen zu verstehen und lösen zu helfen, ist es unbedingt erforderlich, selbst in ähnlichen Situationen gestanden und entsprechende Schwierigkeiten selbst erfahren zu haben.

Kenntnis der Gruppe

Improvisationsunterricht erfordert ein viel subtileres Eingehen auf einzelne und die Gesamtgruppe als beispielsweise die Unterweisung in tradierten Tanzformen. Gruppen, deren Mitglieder sich noch nicht kennen, werden behutsam an kooperative Aufgaben herangeführt werden müssen, bevor man ausführliche Gemeinschaftsimprovisationen durchführen kann. Hemmungen oder Exaltiertheit wirken sich in der Improvisation ganz anders aus als im Imitationsunterricht. Der Leiter sollte also nach Möglichkeit das Verhalten der einzelnen kennen. Ist dies aus bestimmten Gründen nicht möglich, so wird er in der Themenwahl eher neutral und abwartend bleiben, bis er weiß, welche Aufgaben zweckmäßig und durchführbar sind.

Ein anderer Gesichtspunkt, der vor allem für die therapeutische Arbeit wichtig ist, geht davon aus, daß man das Verhalten der Gruppe am besten in der Improvisation kennenlernt. Allerdings sind solche Gruppen keinen Lernzielen unterworfen, die das „Gelingen" der Improvisation, damit auch die günstigsten Ausgangsbedingungen wünschenswert machen.
Darüber hinaus muß der Leiter folgende Aufgaben erfüllen:

Organisation

Der Improvisationsleiter hat Aufgaben der äußeren Organisation (Raumbeschaffung, Zeiteinteilung, Gruppenzusammensetzung, Beschaffung von Unterrichtsmaterial wie Instrumente, Geräte, technische Mittler usw.) und der inneren Organisation zu erfüllen (Themenwahl, Auswahl der Medien, Stundenaufbau, Rechenschaft über Verlauf und Ergebnis usw.)

Vermittlung

von Themen und Inhalten. Dies bedeutet auch die Wahl der Methode, mit der sich ein Thema jeweils am geeignetsten erarbeiten läßt.

Animation

Teilnehmer mit schwacher Eigenmotivation brauchen besondere Motivationshilfen, Zuspruch und eine unterstützende, anregende Atmosphäre.

Beobachtung

Das Gelingen einer Aufgabenlösung hängt weitgehend von der verantwortungs- und verständnisvollen Beobachtung des Leiters ab. Schwierigkeiten, die sich abzeichnen, Fehlentwicklungen, Abweichen vom Thema, Steckenbleiben und vieles andere müssen vom Leiter gesehen und in ihren Ursachen erkannt werden. Die Beobachtung ist Grundlage für jede Hilfestellung und Beratung. Dabei zeigt sich auch, ob die Aufgabenstellung zu weit oder zu eng gefaßt wurde.

Beratung

Aufgrund seiner Beobachtungen soll der Leiter zu individuellen Hilfestellungen fähig sein. Er kann durch Vorstellungshilfen, durch Objekte, durch Veränderung der Spielregel oder besondere Hinweise dem einzelnen weiterhelfen. Paare und Gruppen bitten oft um einen Rat bei der Auswahl von Möglichkeiten. Die Auswahl sollte unbedingt der Gruppe selbst überlassen bleiben, doch kann der Leiter durch Skizzierung der sich aus dem geplanten Ablauf ergebenden Probleme zu einer Entscheidung beihelfen.

Begleitung

Wenn nicht Musik vom Tonband oder von der Schallplatte verwendet wird, ist eine musikalische Begleitung auf verschiedenen Schlaginstrumenten, Klavier, Flöte u. ä. sehr hilfreich und animierend. Begleitung (instrumental und vokal) kann zur Gliederung, zu zeitlicher Ordnung, Intensivierung und Differenzierung führen. Der Leiter sollte nach Möglichkeit zumindest einfache „live"-Begleitung ausführen können, die bei aller musikalischen Schlichtheit doch den großen Vorteil hat, daß man sie jeweils den Wünschen oder Aktionen einer improvisierenden Gruppe anpassen kann.

Koordination

Vor allem die Reflexionsdiskussion benötigt häufig eine Gesprächsführung, um die einzelnen Beiträge zu koordinieren. Auch Themenvorschläge der Gruppenmitglieder müssen überlegt und in ihren Inhalten und ihrer Reihenfolge abgestimmt werden.

Vorbild

Dies sollte der Leiter im praktischen Bereich möglichst nicht sein, zumindest nicht während der Entstehung einer Improvisation. Nur zur Veranschaulichung von stereotypen Bewegungen und Eigenheiten ist es mitunter sinnvoll, diese imitierend zu zeigen. Darüber hinaus allerdings wäre es wünschenswert, wenn er „Modell eines lernenden, handelnden, genießenden und sich selbst bestimmenden Menschen" (v. Hentig) wäre.

Selbst- und Fremdkontrolle (Beobachtungen der Zuschauer oder Teilnehmer) sollen dem Leiter helfen, die Verwirklichung seiner Aufgabe zu überprüfen. Dazu eignen sich Kontrollpunkte wie:

☐ *Sprache*
Die Anweisungen müssen dem Alter, dem Erfahrungsbereich und den soziokulturellen Bedingungen der Gruppe entsprechend formuliert werden. Die Aufgabenstellung soll präzise und weder zu komprimiert noch weitschweifig sein, dabei auch nicht Erfahrungen der Teilnehmer bereits verbal vorwegnehmen.

☐ *Kritik*
Dies ist eine der schwierigsten Aufgaben für den Leiter überhaupt. Die Besprechung von Improvisationsbeispielen muß in jedem Fall eine positive Verstärkung für den Improvisierenden darstellen, selbst wenn auf Schwächen oder Irrtümer hingewiesen werden muß oder Fehlverhalten anderen gegenüber erwähnt wird. Die Besprechung soll sachlich sein und den Improvisierenden zur Einsicht seines Verhaltens im menschlichen und fachlichen Bereich führen. Keinesfalls darf sich der Leiter die Entscheidungsgewalt einer Jury anmaßen.

☐ *Erreichen von Lernzielen*
Hat ein Großteil der Gruppe Schwierigkeiten mit der gestellten Aufgabe, dann muß der Leiter überprüfen, ob das Thema zu kompliziert, die Entwicklung des Lernprozesses zu rasch oder zu oberflächlich, die Gruppierung ungünstig war.

☐ *Nachbereitung, Protokollführung*
Eine kontinuierliche und möglichst genaue Protokollführung ist für den Leiter eine mehrfache Hilfe. Auf der einen Seite erleichtert sie seine Vorbereitung und ist ihm eine Gedächtnisstütze für das Verhalten der Gruppe und der einzelnen Mitglieder, auf der anderen Seite ermöglicht sie die genaue Darstellung seines Programms und der damit verbundenen Entwicklungsschritte der Improvisationsteilnehmer. Nicht selten sind die Vorstellungen von Schulleitern oder Eltern, soweit sie den Bereich der tänzerischen Improvisation betreffen, recht verschwommen. Dadurch kann es zu einer abschätzigen Beurteilung des Faches kommen, wenn der Leiter nicht imstande ist, seine Intentionen und Methoden vorzulegen und zu erklären.

6. Hinweise zur Planung und Durchführung von Improvisationsstunden

Für die Auswahl des Improvisationsthemas sind verschiedene Kriterien wichtig, die zum Teil von besonderen Situationen abhängig sind:

Das Thema
— sollte dem Alter der Teilnehmer (vor allem bei Kindern) und der Größe der Gruppe sowie deren Erfahrungen und Fähigkeiten auf tänzerischem Gebiet angepaßt werden und auf räumliche und zeitliche Bedingungen Rücksicht nehmen.

— kann in sich abgeschlossen sein und nur einmal verwendet werden. Es darf die Gruppe allerdings nicht durch eine Überfülle von Teilaspekten überfordern. Es eignen sich Themen, für die bereits ein reichhaltiges Bewegungsrepertoire und Gestaltungsansätze vorhanden sind. Es kann aus einer kurzen Wiederholung oder Vertiefung der nötigen Grunderfahrungen aufgebaut werden und zu Gestaltungsskizzen oder tänzerischen Kommunikationsformen führen.

— kann die Fortsetzung, Variation oder Wiederaufnahme (eventuell mit anderen Ansatzpunkten) einer bereits früher verwendeten Aufgabe sein. Dies geschieht häufig dann, wenn im Rahmen einer Tanzstunde nur verhältnismäßig wenig Zeit für Improvisation aufgewendet werden konnte. Voraussetzung ist, daß die Gruppe an der Entwicklung des Themas interessiert ist.

— kann sich aus Vorschlägen und Ideen der Gruppe ergeben und in irgendeiner Weise eine Verbindung zu anderen Problemen haben, die für sie gerade akut sind. Wenn solche Vorschläge spontan geäußert werden, sollte der Lehrer genügend Flexibilität aufbringen, sie zu akzeptieren und eventuell auch „unvorbereitet" methodisch aufzubauen. Handelt es sich um eine improvisationserfahrene Gruppe, so kann es auch zu einer „freien Improvisation" verwendet werden.

— sollte im Zusammenhang mit den anderen Themen des Gesamtprogramms gesehen werden. Um Ermüdungen, aber auch Einseitigkeiten vorzubeugen, ist es zweckmäßig, abwechslungsreiche Themen anzubieten, die mitunter auch andere Ausdrucksmedien einbeziehen.

— ist so auszuwählen, daß man im Laufe des Jahres (oder Kurses) den unterschiedlichen Neigungen und Anlagen der Teilnehmer gerecht wird (langfristige Planung des Leiters).

— benötigt unter Umständen zu seiner optimalen Verwirklichung bestimmte technische Mittler (Tonband, Diaprojektor, Epidiaskop, Overheadprojektor, Verdunklung, Objekte, Instrumente, Geräte usw.). Bei der Auswahl des Themas ist also zu berücksichtigen, welche dieser Hilfen vorhanden sind.

Für die Vorbereitung und Durchführung könnte das Überdenken der folgenden Punkte hilfreich sein:
- [ ] Welche Lernziele werden beabsichtigt?
- [ ] Für welche Form der Improvisation (partiell, ganzkörperlich, gebunden oder frei) ist das Thema und die Gruppe geeignet?
- [ ] Welche Methode soll gewählt werden (ganzheitlich-analytisch oder elementenhaft-synthetisch)?
- [ ] Wie kann eine Gliederung in Lernschritte erfolgen?
- [ ] Welche Materialien werden benötigt?
- [ ] Welche Sozialformen sind geeignet?
- [ ] Welche Vorstellungsbilder, Assoziationen und Anregungen könnten hilfreich sein?

Ein Beispiel soll die Vorbereitung und Durchführung eines Themas veranschaulichen:

Themenwahl
Die Stunde soll mit einer Gruppe durchgeführt werden (Primarstufe, 3. Klasse), die bisher kaum mit tänzerischer Improvisation gearbeitet hat. Es bietet sich daher an, ein Thema zu suchen, das in sich abgeschlossen ist und von dem eine starke Motivation ausgeht, die die Kinder von ihren körperlichen Hemmungen ablenken kann. So wird ein bewegtes Spiel mit Zeitungspapier gewählt, das sich möglichst bis zu einem einfachen Tanz oder einer Szene entwickeln sollte.

Lernziele
Spontanes Verhalten im Umgang mit dem Objekt; taktile und akustische Erfahrungen (Sinnesschulung); Finden eines einfach gegliederten Bewegungsablaufs, in dem die Papiere zweckmäßig Verwendung finden.

Improvisationsform
Das Objekt ist von veränderlicher Größe und Gestalt, es kann zahlreiche und sehr unterschiedliche Verwendungen provozieren (Geräusche, Umformung zu einem Requisit, Kostüme zum Verkleiden, pantomimische Darstellung, Verstärkung der Bewegung durch Akzentuierung verschiedener Körperteile oder Geräusche usw.). Eine partielle Improvisation, die sich nur mit einem Teilaspekt (z. B. nur

bestimmte Teile des Körpers benützend) beschäftigt, scheint an diesem Thema nur kurzfristig sinnvoll, sonst ist eine ganzkörperliche zu bevorzugen.

Da die Kinder unerfahren und möglicherweise auch etwas skeptisch sind, soll als Ergebnis etwas für sie Faßbares, Konkretes herauskommen. Daher wird die gebundene Form, also Führung durch den Leiter, gewählt.

Methode
Elementenhaft-synthetisch. Das Ergebnis soll sich aus den Beiträgen der Kinder (mit behutsamer Steuerung des Leiters) ergeben, kann also anfänglich nicht als Ganzheit vorgestellt werden. Aus Einzelexperimenten und Teilaufgaben entwickelt sich eine Motivation für eine Tanzform.

Lernschritte
Eine Darstellung von Lernschritten im Tanzunterricht findet sich in B. Haselbach: Tanzerziehung, 2. Aufl., Stuttgart 1975.

a) *Motivation.* Sie geht in besonderem Maße vom Objekt selbst aus und wird durch die Frage „Was kann man mit diesen Zeitungen alles tun?" verstärkt. Aus einem Gespräch im Laufe der Stunde ergibt sich eine neue Motivation für einen Indianertanz.

b) *Experimentalstufe.* Materialerfahrung. Die Kinder versuchen verschiedenste Aktionen mit den Zeitungen: zerknüllen, werfen, zerreißen, sich einwickeln, flattern lassen, Geräusche erzeugen, betasten, riechen, lesen usw.

c) *Reflexionsphase.* Erfahrungen werden berichtet, demonstriert, besprochen, die eigenen Erfindungen werden durch die der anderen bereichert. Pläne werden gemacht, was man in der Gruppe damit tun könnte; aus mehreren Vorschlägen wurde die Idee eines Indianertanzes mit den Zeitungen als Federschmuck ausgewählt.

d) *Ausarbeitung.* Kinder, die an derselben Idee interessiert sind, schließen sich zu Gruppen zusammen und versuchen eine gemeinsame Lösung zu finden. Diese Versuche werden in Zwischenresultaten gezeigt und untereinander besprochen, eventuelle Ergänzungsvorschläge werden eingebaut.

e) *Evaluierung.* Gruppenergebnisse werden (mit musikalischer Begleitung durch den Leiter) gezeigt. Im Gespräch soll herausgefunden werden, was den Kindern gefällt und warum.

Materialien
Die Kinder wurden vom Klassenlehrer gebeten, alte Zeitungen mitzubringen. Auch die Improvisationsleiterin hatte einen Stoß sowie Gummiringe zum Befestigen des Papiers an Händen und Beinen mitgebracht. Auch Instrumente (Trommel, Rasseln und Becken) wurden vorbereitet.

Sozialformen
Einzelimprovisation für den exploratorischen Umgang mit dem Material. Kleingruppen für die Versuche an der Tanz-

form, Großgruppe bei den Gesprächen (Gesprächsleitung ist bei 35 Kindern unerläßlich).

Anregungen und Hilfen
In der Experimentalstufe zeigt sich bereits, wie die Mehrheit der Gruppe einzusteigen vermag, ob Hilfen für die Allgemeinheit oder nur für einzelne nötig sind. Es ist vorauszusehen, daß tanz- und improvisationsunerfahrene Kinder nur einfachste Lösungen finden werden, die an keine Körpertechnik gebunden sind. Mit Fragen, wie: „Kannst du die Zeitung auch mit dem Rücken auffangen, mit dem Ellbogen werfen?" usw., kann eine größere Bewegungsvariation angeregt werden.
Auch wird der Bewegungsablauf der Schlußphase kaum rhythmische Gliederung oder formale Strukturierung aufweisen, hier könnte eine Formgebung durch die Begleitung suggeriert werden. Auch hilft die Musik zu größerer Intensität des Ausdrucks und läßt die Kinder die Scheu vor der ungewohnten Tätigkeit vergessen.

7. Materialien für den Improvisationsunterricht

Die Aufstellung von verwendbaren Materialien bedeutet eine Anregung für den Leiter, sie stellt jedoch keineswegs eine notwendige Voraussetzung dar. Ihre Vielfältigkeit mag scheinbar über die Anwendungsmöglichkeiten bei tänzerischer Improvisation hinausgehen, doch liegt es im Charakter dieser Improvisationen, daß sie ausgeweitet werden und unter Umständen sich auf mehrere Teilgebiete des Gesamtkomplexes „ästhetische Erziehung" erstrecken, also verschiedene Ausdrucksmedien (Musik, Geste, Bewegung, Tanz, Pantomime, Sprache, Darstellung, Malerei, Graphik, Skulptur, Environment usw. einbeziehen.
Auch ist, vor allem in der Beschränkung auf das Medium der Bewegung und des Tanzes, nicht die Fülle der Materialien nötig, sondern für bestimmte Themen erweisen sich einzelne davon als hilfreich. Ausschlaggebend sind die räumlichen Bedingungen, nämlich ein ausreichend großer, heller, luftiger Raum mit einem geeigneten Boden.

Rohmaterialien
Große Rollen von Rotationspapier, Fingerfarben, Filzstifte, Wachskreiden, Bindematerial, Draht, Pappe, Holzstäbe, Stricke, Kleister, Klebstoff, Gummiringe usw.

Geräte
Plastikfolien, große Tücher, Gymnastikgeräte (Bälle unterschiedlicher Größe, Stäbe, Seile, Reifen), Kartons, Schachteln, Dosen, Papier, „Zauberschnüre", Mobiles, Stabiles usw.

Kostüme
Schals, Tücher, Hüte, Stolas, Gürtel, alte Kleider, Gürtel oder Schnüre zum Befestigen.

Spielzeug
Kreisel, Magnet, Kaleidoskop, Marionetten oder Stabpuppen, Zusammensetzspiele, z. B. „Hexagon", Luftballons, Springschnüre, Gliederpuppen, Mikado usw.

Große Objekte
Sitzwürfel, Podeste oder Boxen, Leiter, Hocker, Stühle, Tische.

Instrumente
a) tragbare:
Handtrommeln, Schellentrommeln, Sanduhrtrommeln, Klangstäbe, Rasseln, Reco-Reco, Fingercymbeln. Triangel, Becken, Kastagnetten, Schellenkränze, Flöten, Lotusflöten, dazu selbstgebaute und unkonventionelle Instrumente, die nur selten einheitliche, allgemein bekannte Namen tragen.
b) nicht tragbare:
Gongs, große Trommel, Bongos, Congas, Tempelblocks, Xylophone, Glockenspiele, Marimbaphone, Klavier, Pauken, stehende Becken usw.

Technische Apparate
Tonbandgerät, Grammophon, Epidiaskop, Diaprojektor, Overheadprojektor.

Texte und visuelle Materialien
Fotos, Kunstkarten, Kinderbilder, Bilderbücher, Kunstbücher, Ausstellungskataloge, Plakate, Gedichtsammlungen, Geschichtenbücher, Zeitungen, Comics usw.

Themen zur Improvisation

Die Improvisationsthemen wurden nach körperlichen und außerkörperlichen Anregungen gegliedert. Enthalten sind auch Themen, die mit anderen Bereichen der ästhetischen Erziehung verbunden sind. Die Aufstellung muß unvollkommen bleiben und soll den Leser dazu anregen, die Sammlung durch eigene Beispiele zu erweitern.

Erläuterungen zur Darstellung der Themen

Manchem Thema geht eine kurze, allgemeine Erläuterung voraus, die weniger bekannte Aufgaben erklären soll. Hierauf werden stichwortartig die Lernziele umrissen, wenn nötig auch verwendete Materialien beschrieben. Für den Einstieg in das Thema werden mitunter mehrere Möglichkeiten vorgeschlagen. Die Aufgaben selbst stellen aus Raumgründen nur einige der tatsächlich möglichen Varianten dar. Bemerkungen methodischer Art werden nur dort angefügt, wo sie eine zusätzliche Hilfe bedeuten können.

Thema: Hinweise über Herkunft der Themen, Erklärungen usw.

Lernziel: Allgemeine Lernziele wie Sensibilisierung, Entwicklung des Körperbewußtseins und der Bewegungskontrolle, Differenzierung der Motorik, Förderung der Kommunikation, Anregung der Phantasie, Intensivierung des Ausdrucksvermögens, Schulung von kognitiven Fähigkeiten usw. gelten für alle gestellten Aufgaben. Nur besondere Schwerpunkte werden jeweils gesondert angeführt.

Material: Die verwendeten Materialien (Objekte, technische Mittler, aber auch Musik, Texte usw.) werden näher beschrieben.

Einstieg: Anschauungsmaterial, Berichte, Ansprechen der Neugierde, des Vorstellungsvermögens, des Leistungswunsches.

Aufgaben: Partielle und ganzkörperliche Aufgaben für die Einzelimprovisation, für Paare, für Klein- und Großgruppen.

Bemerkungen: Besondere methodische Hinweise, Alternativen, eventuell zu erwartende Schwierigkeiten u. ä. werden vereinzelt hinzugefügt.

I. Entwicklung des Körperbewußtseins, Bewegungserfahrungen in Zeit, Dynamik und Raum

Voraussetzung für alle späteren Improvisationen und Gestaltungen, für tradierte Tänze oder eigene Choreographien ist eine differenzierte Erfahrung des eigenen Körpers. Kinder, Jugendliche und vor allem Erwachsene sind oft sehr früh am Ende ihrer Phantasie und weichen in Bewegungsklischees aus. Sie haben zu wenig Kenntnis von den unzähligen Variationsmöglichkeiten der Bewegung, zu geringe Erfahrung in ihren individuellen Fähigkeiten und mangelndes Vertrauen in ihre Begabungen.

Der erste Themenkreis beschäftigt sich vor allem mit dem Finden von individuellen, bisher für den einzelnen meist unbekannten Möglichkeiten, seinen eigenen Körper zu bewegen. Das Bewußtsein für die Bewegungsfunktionen soll geweckt und die Ausdrucksfähigkeit durch Experimente mit Raum, Kraft und Zeit nicht nur von der inhaltlichen Dimension, sondern auch vom Formalen her bereichert werden. Selbstverständlich ist in einer Bewegung weder der räumliche noch der zeitliche oder dynamische Aspekt zu isolieren. Alle drei sind Komponenten, ohne die eine Bewegung nicht denkbar ist. Trotzdem wollen wir hier versuchen, Schwerpunkte in der Themenstellung zu geben, so daß der eine oder andere Aspekt besonders deutlich wird. Empfehlenswert sind Aufgaben aus dem Bereich der „Körperbewußtmachung" unter dem Gesichtspunkt der räumlichen, zeitlichen oder dynamischen Ausführung.

1. Entwicklung des Körperbewußtseins

Teile des Körpers

Einführung

Die Verwendung einzelner Körperteile zu meist zweckdienlichen Aktionen erfolgt im Alltag selten bewußt, sondern ist das Resultat einer bestimmten Konditionierung. Bei der Verwendung von oft zweckfreien Bewegungen im Tanz wird eine bewußte Auswahl der Bewegungsmittel notwendig.

Lernziel

Bewußte Unterscheidung (auch Sensibilisierung) einzelner Teile des Körpers (Gelenke, Flächen) und ihr gezielter Einsatz. Differenzierte Führung von Bewegungen durch bestimmte Punkte des Körpers.

Materialien

Luftballons oder japanische Papierbälle, Gymnastik- oder Medizinbälle.

Einstieg

☐ Der Leiter zeigt verschiedene Aktionen und fordert die Teilnehmer auf, zu beobachten, welche Teile des Körpers dafür beansprucht werden.

☐ Der Leiter fragt einzelne Mitglieder, was sie heute mit ihren Händen, Köpfen, Füßen usw. getan haben.

Aufgaben
Exploration der Bewegungsmöglichkeiten

☐ Was kann man mit Händen (Füßen, Kopf, Schultern, Rücken, Po, Knien usw.) erfinden? (Einzelaufgabe)

☐ Wie kann man sich fortbewegen, wenn man keine Schritte benützt (rollen, kriechen, auf Händen und Knien rutschen, in Bauch-, Rücken- oder Seitenlage rutschen, im Sitzen vorwärtskommen)? (Einzelaufgabe)

☐ Kann man nur mit den Händen etwas berühren (tragen, schieben oder stoßen) oder auch mit dem Kopf, den Unterarmen, dem Handrücken, Bauch, Rücken usw.? (Einzelaufgabe)

Berührung von Körperteilen

☐ Welche Teile des eigenen Körpers können sich berühren? Was geht leicht? Welche Berührungen sind schwierig? Welche Positionen (sitzen, liegen, stehen) eignen sich dazu? Können sich einzelne Teile auch hinter dem Rücken, über dem Kopf und unter den Beinen treffen? (Einzelaufgabe)

☐ Während der freien Fortbewegung (gehen, laufen, hüpfen, kriechen) ruft jemand z. B. „Stirn" (oder „Ferse", „Ellbogen", „Rücken" . . .). Die Partner sollen sich treffen und die gestellte „Berührungs"-Aufgabe behutsam ausführen, die Berührung auflösen und auf andere Weise neu versuchen, bis ein Zeichen (z. B. Handtrommelbegleitung) zur neuen Lokomotion (Fortbewegung) auffordert. (Partneraufgabe)

☐ Zwei Partner stehen wenig voneinander entfernt, jeder versucht mit einem Teil seines Körpers den anderen vorsichtig zu berühren (z. B. A: Hand — B: Knie), sie trennen sich wieder und nehmen andere Berührungspunkte (A: Knie — B: Ellbogen). Zuerst am Platz, nach einiger Zeit auch in der Lokomotion. (Partneraufgabe)

Improvisation mit Händen: In aufeinanderfolgenden Gesten der drei Spieler entfaltet sich ein „Händebaum".

Handstudie: Das ursprüngliche Thema der geschlossenen und geöffneten Form wurde von den Gruppenmitgliedern unterschiedlich als „Blume", „pflanzliche Entwicklung" oder „Explosion" empfunden.

Führung der Bewegung durch einen bestimmten Teil des Körpers

☐ Der Leiter oder ein Gruppenmitglied gibt die Spielregel, d. h., er nennt einen Körperteil, und alle versuchen nun, z. B. den Ellbogen führen zu lassen. Daraus ergeben sich kurvige Armbewegungen oder eine vom Ellbogen „gezogene" Lokomotion. (Einzelaufgabe)

☐ Werden Punkte des Beines angegeben, so entstehen Balanceprobleme, die schwierig zu lösen sind. Oder die Teilnehmer finden eine liegende oder sitzende Position. (Einzelaufgabe)

☐ Bizarrer werden die Bewegungen, wenn zwei Partner, „zusammengewachsen" an Nackenwirbeln oder Knien usw., einem bestimmten (für beide geltenden) Körperteil folgen. (Partneraufgabe)

Körperpunkte und Körperflächen

☐ Luftballons oder japanische Papierbälle sollen mit den Flächen des Körpers (Handinnen- und -außenseite, Fußsohle, Wange, Brust, Rücken, Ober- oder Unterschenkel . . .) fortbewegt werden. Sie können dabei am Boden gerollt oder in die Luft geworfen werden. (Einzelaufgabe)

☐ Als Gegensatz dazu werden massive Bälle (Medizin- oder Gymnastikbälle) mit den Gelenkstellen (Ellbogen, Knie, Schulter, Handgelenk usw.) oder anderen „eckigen" Stellen des Körpers vom Platz gestoßen. (Einzelaufgabe)

☐ Ein Zusammenspiel mehrerer Teilnehmer kann entweder nur Körperpunkte, nur Körperflächen oder abwechselnd das eine und das andere verwenden. Objekte können dabei noch verwendet oder bereits weggelassen werden. (Partner- oder Kleingruppenaufgabe)

Bemerkungen
Durch Beobachtung einzelner Lösungen sollen alle Teilnehmer genau sehen lernen (auch bei raschen Bewegungen), ob die Aufgabe der Spielregel entsprechend gelöst wurde. Teilnehmer können durch Selbsterfinden von Spielregeln (für sich oder die ganze Gruppe) aktiviert werden.

Muskelfunktionen

Einführung
Kennenlernen und Explorieren der Funktionen des Beugens, Streckens, Rotierens, Adduzierens (Heranführens), Abduzierens (Wegführens) ist als Vorbereitung und Einstieg für andere Themen denkbar.

Lernziel
Erfassen und Kennenlernen der unterschiedlichen Muskelfunktionen, bewußte Anwendung.

Materialien
Keine.

Einstieg
Erwecken der Explorationsfreude. Wie kann sich der Arm bewegen? Was geschieht dabei? Ist das beim Bein auch so? — usw.

Aufgaben

☐ Was geschieht, wenn der Arm „zusammengefaltet" wird? In welchen Gelenken und auf welche Seite beugt er sich dabei? Was ist das Gegenteil dieses Beugens? (Einzelaufgabe)

☐ Wie weit kann man im Hand-, Ellbogen- und Schultergelenk drehen (entsprechend dazu im Fuß-, Knie- und Hüftgelenk)? Welche Möglichkeiten zur Drehung liegen in der Wirbelsäule? (Einzelaufgabe)

☐ Welche Teile des Körpers kann man zur Achse heranführen (adduzieren) und auf welche Weise? Welche sind wegzuführen (abduzieren)? Arme, Beine, Finger, Zehen. (Einzelaufgabe)

☐ Kleingruppen. Ein einzelner führt die Aufgabe aus, die anderen beobachten und kommentieren; z. B. langsames Beugen des Nackens, der Wirbelsäule, der Beine, bis der ganze Körper zu Boden sinkt. Welchen Eindruck erweckt diese Bewegung. Wie wirkt ein rasches Zusammenfallen? (Gruppe und einzelner)

☐ Einzelne sollen sich eine Situation, einen Zustand oder eine Rolle denken, die zu einer Wendung des Kopfes führt (auch des Rumpfes oder der Extremitäten). Um welche Vorstellung handelt es sich? War die Ausführung für die Zuschauer überzeugend? Wenn nicht, woran lag es?

Bemerkungen
Die explorativen Aufgaben können sich auf eine Extremität beschränken oder auf den ganzen Körper angewandt werden. Sie sind bei entsprechend kurzer Anwendung auch mit Kindern und erwachsenen Anfängern durchzuführen. Eine Weiterentwicklung könnte sich vor allem mit den Ausdruckswerten beschäftigen. Das Interesse dafür wächst mit zunehmender Technik.

Exploration der Füße: Wie kann man das Gewicht in unterschiedlicher Weise auf Ferse, Fußspitze, Außenkante usw. verlagern? Mit welchen Partien den Boden berühren?

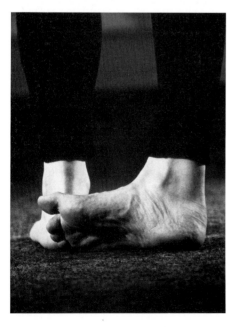

Erwärmung und Schmeidigung

Einführung
Die Anregung für diese, hier variierte Aufgabe verdanke ich Frau Maja Lex.

Lernziel
Langsame Durchblutung und Erwärmung der Muskulatur durch gleichmäßiges Beugen und Strecken. Wechsel von Spannung und Lösung. Erfahren von Beugespannungen und Streckspannungen. Vermeiden von Atemstau. Balance.

Materialien
Seidenschal, weiche Stoffpuppe oder Stofftier.

Einstig
☐ Am Anschauungsmaterial (weiche, zusammenlegbare Stoffiguren oder Zusammenfalten eines Seidenschals) kann die Beweglichkeit und Flexibilität (passiv) des Objektes gezeigt werden.
☐ Bericht über einen Schlangenmenschen im Zirkus.

Aufgaben
☐ Sich rekeln, dehnen, strecken wird abgelöst von: sich beugen, zusammenziehen, sich klein machen. Dabei darf die Bewegung an keiner Stelle unterbrochen werden, sondern soll, wenn eine extreme Stellung erreicht ist, in eine andere übergeführt werden.
☐ Bei Geübteren kann dabei ständig die Position verändert werden (z. B. aus der äußersten Streckung in Rückenlage kann das Zusammenziehen in die Hocke und von da in den Grätschstand führen, wieder zu einem engen Kniesitz nach unten gebracht werden und in einer gedehnten Seitlage enden). (Einzelaufgabe)
☐ Ein bestimmter Punkt des Körpers kann zum Zentrum gemacht werden (z. B. rechtes Knie), alle anderen Gliedmaßen versuchen, möglichst eng an dieses Zentrum heranzukommen. Ist keine stärkere Annäherung mehr zu erreichen, so wird die Beugespannung aufgelöst, und alle Teile des Körpers entfernen sich so weit als möglich voneinander in eine Streckspannung. (Einzelaufgabe)

Bemerkungen
Klischeehafte oder einseitig wiederholte Lösungen müssen durch die Beobachtung des Leiters und seine dem einzelnen entsprechenden Aufgabendifferenzierungen vermieden werden.

Stabilität und Labilität

Einführung
Unter Stabilität oder stabilem Gleichgewicht versteht man im Tanz eine Körperaufrichtung, bei welcher sich der Schwerpunkt zentral über der Unterstützungsfläche befindet. Je größer diese ist und je tiefer der Schwerpunkt liegt, um so größer ist die Stabilität. Wird die Unterstützungsfläche wesentlich verkleinert oder der Schwerpunkt verschoben, so ergibt sich eine Labilität, die meist durch eine die Balance wiederherstellende Gegenbewegung ausgeglichen werden muß. Das Spiel mit dem Gleichgewicht, die Verschiebung des Schwerpunkts bis zum Verlust der Balance und zum Fall, ist ein sehr aufregendes Spiel.

Lernziel
Erfahren und Bewußtwerden der Schwerpunktlage sowie der Zusammenhänge von senkrechter Unterstützung und Gewichtsverlagerung. Unterscheidung und Ausführung von Aktionen, die entweder das stabile Gleichgewicht wiederherstellen oder durch Beibehalten und Verstärken der Labilität bis zum Balanceverlust und Fall führen.

Materialien
Draht zum Biegen von Figuren oder Objekten.

Einstieg
☐ Experiment mit Drahtfiguren. Eine Figur mit drei Beinen (wenn diese gleichmäßig angeordnet sind) steht stabil, wie ist es bei zwei oder bei nur einem Bein?
☐ Wie schief kann man stehen, ohne das Gleichgewicht zu verlieren?

Aufgaben
☐ In verschiedenen Positionen (sitzend, kniend, stehend) soll eine stabile Ausgangshaltung gefunden werden. Durch vorsichtiges Gewichtsverlagern wird das stabile Gleichgewicht umspielt, bis die Balance verloren wird. Aus der Aufrichtung nach dem Fall ergibt sich eine neue Stabilisierung, die wiederum absichtlich riskiert wird. So entsteht ein ständiger Wechsel zwischen stabiler Sicherheit, Gleichgewichtsgefährdung, Fall und neuem Anfang. (Einzelaufgabe)
☐ Aus dem stabilen Stand soll das Gleichgewicht durch Verkleinerung der Unterstützungsfläche (statt beiden Beinen nur ein Bein, statt Stand auf der ganzen Sohle, auf dem Ballen), durch Veränderung des Fokus (Blick wandert von einer Seite zur anderen, auch zur Decke) oder durch Bewegen mit geschlossenen Augen gefährdet werden. (Einzelaufgabe)
☐ Zwei Partner finden eine Stellung, in der jeder einzelne sich im labilen Gleichgewicht befindet, durch gegenseitiges Stützen ist aber eine gewisse Stabilität erreicht. Durch geringfügiges Verschieben der Positionen (z. B. Zurücknehmen eines balancierenden Arms, Verlagern des Körpergewichts usw.) kann die gemeinsame Stabilität ins Wanken kommen. Wie kann man sich dabei verhalten? (Eine neue Unterstützung finden; den anderen halten und stützen; fallen; den Partner loslassen oder ihn mitziehen . . .) (Partneraufgabe)

Bemerkungen
Um die Bewegung aus ihrer Alltagsform zu lösen, kann der Leiter Vorstellungshilfen verwenden (z. B. aneinandergelehnte Stangen oder Bäume nach einem Sturm, Seiltänzer u. v. a.).

28

Labilität: Durch Druck von rückwärts
wird das Gleichgewicht jedes einzelnen
und damit der Gruppe verloren. In einer
Kettenreaktion stürzt die ganze Reihe
zu Boden.

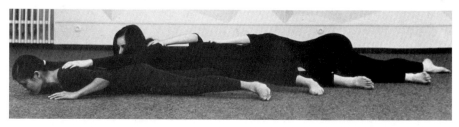

29

Balance: Balancehalten in verschiedenen äußerst labilen Positionen.

Das Spiel mit dem Gleichgewicht führt vom stabilen Stand über die Gewichtsverlagerung bis zum aufregenden Fall.

Gehen wie eine Seiltänzerin

. . . Hans-Guck-in-die-Luft

Lokomotion: Großschrittig, gespannt, eher tiefbetont und akzentuiert bewegt sich die eine Gruppe;

. . . ein Elefant im Porzellanladen   . . . mit Gipsbein

hochbetont, balancierend mit einer aufgerichteten Spannung die andere.

Grundformen der Bewegung

Allgemeine Einführung

Rudolf von Laban versuchte in seiner Analyse und
Systematisierung der menschlichen Bewegung Kategorien
zu finden, die sowohl auf die alltägliche als auch auf die
tänzerische Bewegung anzuwenden sind. Die fünf Grundformen (basic body activities) sind:

- [ ] Lokomotion (Fortbewegung)
- [ ] Ruhe (Haltung als Muskelaktivität)
- [ ] Gestik (Bewegung von Teilen des Körpers, die kein
  Gewicht tragen)
- [ ] Elevation (Erhebung und Sprung)
- [ ] Drehung (sowohl einzelner Körperteile als auch des
  ganzen Körpers)

Lokomotion

Lernziel

Erfahren und Üben unterschiedlichster Fortbewegungsarten
mit und ohne Schritte; Darstellungsversuche und ihre
Interpretation; Entwerfen von Schrittkombinationen.

Materialien

Eventuell Bildmaterial mit Darstellungen verschiedener
Fortbewegungsarten. Instrumente zur Begleitung.

Einstieg

- [ ] Wer kann eine Fortbewegungsart darstellen, die für
  einen bestimmten Menschen typisch ist? Wer errät diese
  Interpretation?
- [ ] Zeigen und Besprechen des Bildmaterials.
- [ ] Hinweise oder Demonstration verschiedener Fort-
  bewegungsarten bei Menschen, Tieren oder Objekten.

Aufgaben

- [ ] Fortbewegung am Boden (rollen, wälzen, schieben,
  rutschen); mit vier Unterstützungen (Kopf, Bein,
  Hände, Knie); im Sitzen; auf den Knien; in Rücken-,
  Bauch- oder Seitlage. Wechsel von Lokomotion am
  Boden, ohne Schritte, und aufrechter Fortbewegung.
  (Einzelaufgabe)
- [ ] Darstellung verschiedener Zeitwörter wie: wandern,
  schlurfen, eilen, spazieren, flanieren, hasten, sich
  schleppen, stolzieren, wanken, marschieren, torkeln,
  taumeln, abschreiten, scharwenzeln, gehen, laufen usw.
  (Einzel- oder Kleingruppenaufgabe)
- [ ] Zu zweit mit leichter Berührung. Die Führung des
  Raumwegs, des Tempos oder Schrittmotivs soll
  unmerkbar zwischen den beiden Partnern wechseln.
- [ ] Zu mehreren, ohne Berührung. Die Gruppe soll sich
  gemeinsam mit häufig wechselnder Führung fortbewegen. Als Kontrast laufen alle Teilnehmer in einem
  Zwischenteil unabhängig ihre eigenen Raumwege und
  treffen sich dann wieder zur Gruppe, eventuell
  Begleitung. (Gruppenaufgabe)

- [ ] Variation eines lokomotorischen Motivs.
  Alle Teilnehmer sammeln sich in einer Ecke des Raums
  (ist die Gruppe zu groß, sollte sie in mehrere Kleingruppen geteilt werden). Der erste bewegt sich in einem
  von ihm gewählten Motiv (Grundform oder Schrittverbindung) durch den Raum, der zweite greift dieses
  auf, verändert es aber ein wenig. Der dritte beginnt mit
  dem Motiv des zweiten und variiert es wieder zu seiner
  persönlichen Form usw. Zum Schluß wird die Lösung
  des ersten mit der des letzten verglichen.
- [ ] Um Lokomotion auch in verschiedene Richtungen
  anzuregen, kann folgende Aufgabe gestellt werden:
  Die Gruppe verteilt sich im Raum, die Begleitung
  erfolgt auf drei unterschiedlichen Instrumenten
  (z. B. Bongos, Holzblocktrommel, Becken) und
  bedeutet jeweils die Ausführung der Bewegung in drei
  verschiedenen Richtungen (vorwärts, rückwärts, seitwärts). Je nach der Begleitung wechseln die Teilnehmer
  die Richtung ihrer Fortbewegung. (Gruppenaufgabe)
- [ ] Die Gruppe verteilt sich im Raum, jeder einzelne
  orientiert sich an einem bestimmten Objekt (Wand,
  Fenster, Tür . . .). Ein Teilnehmer ruft seinen Orien-
  tierungspunkt (z. B. „Tafel"), alle bewegen sich (teils
  vorwärts, rückwärts oder seitwärts) auf diesen zu. Bevor
  dieser Punkt erreicht wird, ruft ein anderer seinen Ziel-
  punkt. Steigerung im Tempo der Ansage! Wichtig ist,
  daß die ursprüngliche Körperrichtung nicht verändert
  wird. (Gruppenaufgabe)
- [ ] Von den bewußt unkonventionellen Lokomotions-
  formen soll der Übergang auch zu den bekannten Fortbewegungsarten (gehen, laufen, hüpfen, schreiten usw.)
  und ihren Kombinationen zu Tanzschritten erfolgen,
  z. B. Schrittverbindung von Stampf- und Schleif-
  schritten. (Einzelaufgaben)
- [ ] Verbindung von Anstellschritten mit und ohne
  Gewichtsübertragung.
  Wechsel von Lauf- und Hüpfschritten.

Bemerkung

Da die Lokomotion durch Raumwege, Raumrichtungen,
Schrittgröße und Körperhaltung wesentlich beeinflußt wird,
sollten die Aufgaben mit Aspekten des Raumes (s. d.)
verbunden werden.

Gestik

Einführung

Im allgemeinen Sprachgebrauch wird Gestik vorwiegend
als Bewegungen der Händen verstanden und steht im
Gegensatz zur Mimik, der Bewegung der Gesichtszüge.
Laban nennt Bewegungen aller Teile des Körpers eine
Geste, wenn der sich bewegende Teil nicht gleichzeitig das
Gewicht des Körpers trägt (z. B. Achselzucken, Wippen mit
dem Fuß, Zeigen mit dem Finger usw.).

Kommunikationsspiel: Einzelne versuchen aus einer isolierten Stellung Kontakte zu anderen aufzunehmen. Daraus entstehen Aktionen und Reaktionen unterschiedlicher Art.

Linke Seite — Gesten: Was kann mit
der Handhaltung ausgedrückt werden?
Sich verstecken, etwas abwehren, etwas
beschützen . . .?

Drei Kinder stellen verschiedene Tätig-
keiten dar — Verkehrspolizist, nähen,
schwimmen. Die anderen beobachten
und erraten die Aktionen.

Sprünge: Welche Form kann der Körper
in der Luft haben? Weit und flächig oder
eher rund und zusammengekauert?

Man kann mit dem Partner springen,
ihn als Hindernis überspringen oder ihm
beim Sprung helfen und ihn stützen.

Lernziel

Erfahren und Bewußtmachen von Gesten als Ausdrucksbewegung und Kommunikationsinhalt einerseits und abstrakter Bewegung andererseits. Ausführung von Gesten mit verschiedenen Teilen des Körpers.

Materialien

Keine.

Einstieg

☐ Der Leiter wendet sich mit einer nonverbalen Aufforderung an die Gruppe. Zum Beispiel: Er bedeutet ihr, näher zu kommen, Platz zu nehmen, einen bestimmten (imaginären) Gegenstand anzusehen und in die Hand zu nehmen. Er demonstriert seine Freude oder seinen Ekel, diesen Gegenstand betreffend, d. h., er kommuniziert mit allgemein verständlichen, nonverbalen „Kürzeln".

☐ In einem kurzen Gespräch werden solche Kürzel entschlüsselt, wird die Tatsache einer verständlichen Körpersprache betont. Wodurch „spricht" der Körper? Neben seiner Haltung vorwiegend durch Gesten, aber auch durch die Mimik.

Aufgaben

☐ Mit verschiedenen Teilen des Körpers sind gestische Bewegungen zu versuchen (z. B. Nicken, Kopfschütteln, Achselzucken, Trommeln mit den Fingern, aber auch Kreisen des Kopfes, der Hand oder des Fußes, Klatschen usw.)

☐ Welche dieser Gesten bedeuten etwas, welche sind formal oder abstrakt, haben also keinen „Inhalt"? Mit demselben Körperteil sollen inhaltsgebundene, dann abstrakte Gesten ausgeführt werden (z. B. Winken mit der Hand — Zeichnen eines kurvigen Raumweges in der Luft).

☐ Arbeitsbewegungen (verschiedene Haushaltstätigkeiten, charakteristische Berufsbewegungen usw.). Der beobachtende Leiter gibt Hilfestellungen, um Vorstellung und Absicht mit der tatsächlichen Ausführung zu koordinieren. Nachdem jeder einzelne mehrere Lösungen ausprobiert hat, wird eine Art „Gestenquiz" veranstaltet, bei dem typische Gesten gezeigt und von den jeweiligen Zuschauern erraten und interpretiert werden. (Einzel- und Gruppenaufgabe).

☐ Kommunikationsgesten
Partner oder eine Kleingruppe suchen gemeinsam einige Gesten, die eine bekannte Bedeutung haben. Durch Verteilung auf alle Teilnehmer soll ein Handlungsablauf entstehen, der alle gleichermaßen einbezieht. (Gruppenaufgabe)

☐ Im Rahmen eines Themas wie „Sich nähern — sich voneinander entfernen" können durchaus Ausdrucksgesten wie Aufforderung, Einladung, Zögern, Ausweichen, Insistieren, Anpassung, Gegnerschaft, Abwendung, Flucht, Abschied usw. entstehen. Durch verschiedene Lösungen der Aufgabe können die dargestellten Beziehungen der Tanzpartner in der Improvisation diskutiert werden. (Partneraufgabe)

Bemerkungen

Außer pantomimischen Gebärden, die eine Alltagsbewegung imitieren oder einen kommunikativen Inhalt vermitteln, hat die Geste im Tanz auch andere Funktionen. Sie kann vom Charakter des beabsichtigten Ausdrucks geprägt sein (Geste des Öffnens, des Sich-Verschließens, der Aufmerksamkeit oder der Resignation). Tanzgesten können auch durchaus rein abstrakte Bedeutung innerhalb eines Tanzes (vor allem des Kunsttanzes) haben. Je nach Entwicklungsreife und tänzerischen Erfahrungen der Gruppe wird der Schwerpunkt mehr auf den konkret-inhaltlichen oder formal-abstrakten Gesten liegen.

Sprung

Einführung

Laban faßt mit dieser Bezeichnung alle Bewegungen zusammen, die den Körper für einen Augenblick vom Boden (oder von jeder anderen Unterstützungsfläche) lösen und ihn frei in der Luft schweben lassen. (Zur näheren Unterscheidung verschiedener Sprungmöglichkeiten siehe Haselbach: Tanzerziehung, S. 87.)

Lernziel

Erfahren des Sprungerlebnisses, Bewußtmachen unterschiedlicher Sprungarten sowie verschiedener Sprungmomente (Absprung, Haltung in der Luft, Aufkommen). Ausführen von Sprüngen in Verbindung mit anderen Grundformen (vorwiegend Lokomotion).

Materialien

Bildmaterial von springenden Tieren und Menschen (bei letzteren natürliche Sprünge und Kunstsprünge). Instrumente zur Begleitung.

Einstieg

☐ Der Lehrer hält ein kleines Instrument über die Köpfe der Gruppe und fragt, wer das Instrument nehmen und spielen will.

☐ Verschiedenes Bildmaterial wird aufgelegt und besprochen.

Aufgaben

☐ Verschiedene niedrige Objekte (die nicht rollen oder umfallen können) werden im Raum verteilt. Einige Teilnehmer (je nach Größe des Raumes 5 bis 10) bewegen sich von Objekt zu Objekt, Spielregel ist, daß keines berührt werden darf. Die Beobachter stellen fest, ob die Objekte — und von wem — umlaufen, überstiegen oder übersprungen wurden. Welche Sprünge wurden verwendet? (Einzelaufgabe)

☐ Die Objekte liegen in gleicher Entfernung voneinander, das Überspringen soll in einen rhythmischen Ablauf gebracht werden, dessen Höhepunkt der Sprung darstellt. (Einzelaufgabe)

☐ Ausgelegte Seile oder andere Bodenmarkierungen sollen kontinuierlich von rechts nach links und wieder zurück übersprungen werden. Welche Variationen von kleinen, niedrigen, eventuell auch gedrehten Sprüngen können gefunden werden? Möglichst vielseitige Lösungen werden gezeigt. (Einzelaufgabe)

☐ Durch musikalische Stimulierung (Begleitung durch den Leiter, Schallplatte oder Tonband) soll zu Sprüngen angeregt werden. Die Gruppenmitglieder bekommen die Aufgabe, Sprünge zu finden, die möglichst hoch- oder weitbetont sind. Bei Fortgeschrittenen können auch gedrehte Sprünge versucht werden. Damit die Aufgabe nicht zu anstrengend wird, können die Sprünge durch Schritte verbunden werden. Auf weiches Aufkommen ist zu achten! (Einzelaufgabe)

☐ Sprünge sollen zu zweit erprobt werden. Welche Funktion kann der Partner haben? Helfer und Stütze, zu überspringendes Hindernis oder Mitspringer? (Partneraufgabe)

☐ Sprünge sollen versucht werden, die den Körper möglichst gut vom Platz „transportieren". Ist ein Anlauf hilfreich oder störend? (Einzelaufgabe)

☐ Wer kann in der Luft eine bestimmte Gestalt einnehmen? Zum Beispiel: sich klein und rund, lang gestreckt oder groß und breit machen. Wie landet man am besten nach solchen „Stand"sprüngen? (Einzelaufgabe)

Bemerkungen
Gerade beim Thema „Sprung" muß nachdrücklich betont werden, daß der Leiter sich darüber im klaren sein muß, ob die Teilnehmer technisch genügend auf dieses Thema vorbereitet sind. Improvisation ist eine wundervolle Möglichkeit, individuelle Technik anzuregen und zu fördern, sie ersetzt aber nicht andere Formen der technischen Arbeit.

Drehung

Einführung
Die verschiedenen Teile unseres Körpers haben in bezug auf ihre Drehmöglichkeit eine unterschiedliche Ausstattung der Gelenke. Wir sprechen daher von „Eindrehen" oder „Ausdrehen" der Arme oder Beine, von Wendung oder Abdrehung des Rumpfes oder Kopfes, von Kreisen des Kopfes, der Arme im Schultergelenk usw. Über diese

Möglichkeiten der Drehung der einzelnen Gliedmaßen in ihren Gelenken hinaus kann der ganze Körper sich um die Achse der Wirbelsäule (oder eine der anderen Achsen) drehen. Diese Drehungen können mit oder ohne Schritte ausgeführt werden. (Näheres dazu siehe Haselbach: Tanzerziehung, Seite 94.)

Lernziel
Sammeln von Erfahrungen, die durch das Drehen gewonnen werden (Schwindel, Fliehkraft, ekstasefördernde Wirkung des Drehens). Unterscheiden von partiellen und ganzkörperlichen Rotationsbewegungen. Ausführung von Drehungen am Platz und in der Fortbewegung.

Materialien
Kreisel oder Reifen als Anschauungsmaterial.

Einstieg
Je nach Alter können Objekte (z. B. Kreisel, zum Drehen gebrachte Reifen) oder Vorstellungen bzw. Abbildungen zum Ausprobieren dieser Bewegung anregen.

Aufgaben
☐ Exploration der unterschiedlichen Drehmöglichkeiten der einzelnen Körperteile in verschiedenen Positionen. Selbst- und Fremdbeobachtung. Sammeln und Besprechen der verschiedenen Lösungen. (Einzelaufgabe) In welchen Positionen des Körpers kann gedreht werden (im Stehen, auf den Knien, im Sitzen, in Rücken- oder Bauchlage, auf einem Bein)? Woher kommt der Antrieb zur Drehung? (Schwung aus dem Oberkörper, Schritte, Unterstützung durch die Arme, Schwung der Beine usw.). (Einzelaufgabe)

☐ In welchen Ebenen (tief, mittel, hoch) kann man drehen, wie sieht die Körperhaltung dabei aus? Zum Beispiel: gebeugt im Rumpf und in den Beinen — Tiefdrehung; aufgerichtet — Mitteldrehung; nach oben gestreckt, auf den Fußballen — Hochdrehung. (Einzelaufgabe)

☐ Eine Drehung soll aus einem sich steigernden Schwung entstehen, z. B. paralleler Armschwung von rechts nach links, der immer intensiver wird, bis er den Körper in eine Rechts- oder Linksdrehung trägt. (Einzelaufgabe)

☐ Auf welche Weise kann man sich vom Platz fortdrehen? Der Kopf bzw. der Blick soll als Orientierungshilfe verwendet werden. (Einzelaufgabe)

☐ Drehungen mit wenigen oder vielen Schritten sollen am Platz oder in der Lokomotion versucht werden. (Einzelaufgabe)

☐ Gruppen bilden sich und formieren je einen Kreis. Einer in jeder Gruppe beginnt zu drehen, der nächste setzt ein usw. Erst wenn alle gemeinsam drehen und sich dabei möglichst im Tempo und in der Bewegung einander anpassen, beginnt langsam wieder der Abbau, d. h., der erste hört auf, dann der zweite usw. (Gruppenaufgabe)

Bemerkungen

Um längere Zeit und präzise im Raumweg drehen zu können, ist eine Technik erforderlich, die sich nicht nur durch Improvisation erlernen läßt. Andererseits kann durch oben beschriebene individuelle Erfahrungen das übliche Klischee von Drehungen durchbrochen werden.

Ruhe

Einführung

Ruhe wird zu den Grundformen der Bewegung gezählt, weil selbst in scheinbar bewegungslosem Zustand die Muskulatur feine, die Balance des Körpers erhaltende Aktionen durchführt. Selbst im Schlaf werden zahlreiche Muskeln bewegt. Jede Muskelaktivität wird von Laban als Bewegung bezeichnet. Daher ist nur der tote Körper vollkommen bewegungslos.

Lernziel

Erfahrung der beiden Extreme: Ruhe als Entspannung, Schwere, Auflösung — oder Ruhe als Anspannung, Balanceproblem, Weiterdenken der Bewegung. Erfahrung der Atmung in der körperlichen Ruhe.

Materialien

Instrumente zur Begleitung.

Einstieg

☐ Beobachtung eines unbewegten Körpers anhand eines Fotos oder Bildes. Auch der Leiter oder ein Gruppenmitglied kann das Modell sein. Motivierende Fragen: Ist der Körper wirklich unbewegt? Was bewegt sich doch? Welchen Ausdruck hat der Mensch oder das Tier in der Ruhe? Wie kann sich die Stellung auflösen, was wird dann geschehen?

☐ Nach anstrengendem Laufen liegen alle Teilnehmer am Boden, nach einiger Zeit, wenn sich der Atem beruhigt hat, fragt der Lehrer nach der Situation.

Aufgaben

☐ Eine Statue soll dargestellt werden. Welche Person, welcher Charakter braucht welche Haltung? Bei der Betrachtung einzelner Beispiele sollten charakteristische Eigenschaften der dargestellten Monumente erkennbar sein. (Einzelaufgabe mit Gruppenreaktion)

☐ Aus der Lokomotion soll plötzlich — auf Zuruf — ein Halt erfolgen, d. h., jeder verharrt in der augenblicklichen Körpersituation. Auf einen neuen Zuruf wird die Lokomotion fortgesetzt. (Einzelaufgabe)

☐ Erweiterung der vorhergehenden Aufgabe. Die Lokomotion ist, der Bewegungsbegleitung folgend, einmal sehr rasch, ein anderes Mal langsam, jedenfalls immer in unterschiedlichem Tempo. Der Bewegungsstopp wird dementsprechend mehr oder weniger Spannung benötigen. (Einzelaufgabe)

☐ Zwei Partner laufen aufeinander zu, kurz bevor sie sich berühren, stoppen sie die Bewegung und verharren in dieser spannungsvollen Bewegungslosigkeit, solange sie wollen, dann wird sie aufgelöst, der neue Lauf kann zu einem anderen Partner führen. (Partneraufgabe)

☐ Kleingruppen werden gebildet, alle Beteiligten einer Gruppe fassen sich an (nicht unbedingt an den Händen, auch an Schulter, Bein, Kopf usw.). Einer bewegt sich und verändert nur seine Stellung, die anderen, die durch die Fassung mit ihm verbunden sind, müssen darauf reagieren. Die erste Bewegung wird durch einen Gong- oder Beckenschlag begleitet, die veränderte Gruppe soll ihre neue Haltung halten, bis der Klang verhallt ist. Dann verändert ein nächster, möglichst am anderen Ende der Gruppe, wieder seine Stellung usw. (Kleingruppenaufgabe)

☐ Wechsel zwischen spannungsvoller und entspannter Ruhehaltung. Auf ein akustisches Signal hin erstarrt jeder einzelne in einer erwartungsvollen Spannung, diese kann nach einiger Zeit durch Veränderung der Begleitung aufgelöst werden bis zu einer entspannten Ruhehaltung. Ein neuer Akzent bringt eine neue Spannungshaltung in möglichst verschiedenen Positionen und Ebenen (tief, mittel, hoch), die auch wieder in die Entspannung aufgelöst wird. (Begleitung: z. B. scharfer, gestoppter Beckenschlag — weich ausklingender Wirbel auf dem Becken.) Auch in der Gruppe. (Einzel- und Gruppenaufgabe)

☐ Atem als Belebung der Ruhe.
Diese Aufgabe muß ohne Begleitung stattfinden. Kleingruppe. Alle atmen gemeinsam aus. Der erste Atemzug (einschließlich Ausatmung und Pause) bringt jeden in die Lokomotion, wobei der erste, der einatmet, den Weg angibt, die anderen folgen ihm. Den zweiten Atemzug vollzieht jeder in der Ruhehaltung, den dritten in der Fortbewegung usw. Nach einiger Zeit verschieben sich die Tempi und das individuelle Atemtempo. (Gruppenaufgabe)

Bemerkungen

Um die Ruhe nicht als leer, sondern als etwas Erfülltes zu spüren, kann die Begleitung die Bewegung selbst aussparen, dafür die Ruhepause durch ausklingende Beckenschläge oder eine Melodie „füllen".

Verbindung von Grundformen

Einführung

Nach der Auseinandersetzung mit den Grundformen der Bewegung, die sowohl neue Erfahrungen als auch technische Fertigkeiten erbracht hat, entstehen nun durch Verbindung von zwei oder mehreren Grundformen bereits gegliederte Abläufe, die den Charakter einer spontan gestalteten tänzerischen Sequenz aufweisen können.

Lernziel
Verbindungsmöglichkeiten und Übergänge zwischen
Motiven verschiedener Grundformen werden erfahren und
improvisatorisch geübt. Erkennen und Ausführen von
harmonisch-konsequenten oder willkürlich-abrupten
Verbindungen.

Materialien
Instrumente oder Tonträger zur Begleitung.

Einstieg
Eine kurze und gegliederte Begleitung des Leiters soll von
allen spontan gelöst werden. Im Idealfall reagieren die
Teilnehmer auf die musikalischen Motive mit unterschied-
lichen Bewegungsgrundformen. Wenn nicht, kann in einer
Besprechung der Lösungen darauf hingewiesen werden.

Aufgaben
☐ Beispiele zur Verbindung von Lokomotion und Ruhe
   wurden schon gegeben. (Einzelaufgabe)
☐ Eine sich steigernde Lokomotion soll zu einem Sprung
   führen, der nach dem Aufkommen in einer aus-
   klingenden Geste endet. (Einzelaufgabe)
☐ Eine gestische Bewegung leitet eine Drehung ein und
   führt schließlich zu gedrehter Fortbewegung. (Einzelaufgabe)
☐ Paarweise wird ein kanonischer Ablauf von Ruhe und
   Gestik versucht. Es handelt sich also um eine zeitlich
   verschobene Spiegelbildübung. Nach einiger Zeit
   Rollentausch. (Partneraufgabe)
☐ Geste — Ruhe — Geste; Lokomotion als Gruppen-
   thema. Daraus kann eine inhaltliche Darstellung oder
   eine abstrakte Sequenz erfolgen. (Kleingruppenaufgabe)
☐ Ein Frage-Antwort-Spiel zwischen Solisten und Gruppe
   hat als Thema: Geste (Solist) — Geste (Gruppe) —
   Drehung (Solist) — Drehung (Gruppe) — gemeinsame
   Lokomotion unter Führung des Solisten. (Gruppenaufgabe mit Solisten)

Bemerkungen
Nach den vorausgegangenen Grunderfahrungen kann
immer öfter für kurze Zeit eine „freie Improvisation"
stattfinden, bei welcher nur wenig Spielregeln gegeben
werden.

2. Zeiterfahrungen in der Bewegung

Jeder Tanz, jede tänzerische Bewegung wird von Zeit
geprägt. Gliederung und Phrasierung, Tempo und
Rhythmus, Gleichzeitigkeit und Aufeinanderfolge von
Bewegungen sind wichtige Grunderfahrungen und Vorbereitung für improvisierte wie tradierte Tänze.

Die Zeit des Tänzers kann durch seine körpereigenen
Rhythmen (z. B. Herzschlag oder Atem) oder durch Über-
nahme einer äußeren Zeiteinteilung (z. B. Musik metrischer
Art) bestimmt werden. Beide sind bedeutungsvoll und
können die Tanzbewegung beeinflussen.

Atemphrasierung

Lernziel
Erfahren des eigenen Atems als zeitgliederndes Element.
Bewußte Anpassung der Bewegung an die Atemphrasierung.

Material
Mikrophon und Lautsprecher.

Einstieg
Nach ermüdender Aktion rasten die Gruppenmitglieder
in Rückenlage auf dem Boden. Man hört die Atem-
geräusche. Der Leiter geht mit dem Mikrophon von einem
zum anderen. Durch den Verstärker werden die unterschiedlichen langen und tiefen Atemzüge verdeutlicht.

Aufgaben
☐ In Ruhelage soll jeder einzelne bewußt das Geräusch
   und die Dauer seines Atems wahrnehmen. Um dies
   nach außen sichtbar zu machen, bewegt er einen Teil
   seines Körpers im Tempo mit. (Einzelaufgabe)
☐ Wie kann Einatmung, wie Ausatmung durch Bewegung
   anschaulich gemacht werden? Der Versuch soll in aller
   Ruhe und über einige Zeit mit immer ähnlichen
   Bewegungen durchgeführt werden. (Einzelaufgabe)
☐ Die Atembewegung soll so vergrößert werden, daß
   dabei eine Fortbewegung entsteht. Erfolgt die Lokomotion besser während der Einatmung oder während
   der Ausatmung? (Einzelaufgabe)
☐ Mehrere sitzen im Kreis, einer beginnt und gibt mit
   seiner Ausatmung eine gestische Handbewegung zu
   einem anderen, dieser nimmt sie mit seiner nächsten
   Einatmung auf, um sie seinerseits mit der Ausatmung
   an jemand anderen weiterzugeben. Nach einiger Zeit
   kann beim „An-sich-Holen" der Geste auch die Position
   verändert werden. (Kleingruppenaufgabe)

Bemerkungen
Die Arbeit mit dem Atem sollte möglichst einfach und
natürlich ausgeführt werden. Jede beabsichtigte Bein-
flussung über den Atem ist Aufgabe der Atemtherapeuten.

Puls

Einführung
Der Puls als Reaktion auf unsere Herztätigkeit ist mit dem
Atem unsere „eigentümlichste" Zeitgliederung, gekenn-
zeichnet durch eine relative Gliederung und ein variables
Tempo. Der Puls unterscheidet sich nicht nur von einem

Menschen zum anderen, sondern ist auch bei ein und demselben Menschen abhängig von verschiedenen Faktoren. Er ist also ein relatives Zeiterlebnis.

Lernziel
Wahrnehmung von innerer, körpereigener Zeitgliederung. Übertragen des inneren Tempos nach außen. Beibehalten des eigenen, aber auch Anpassen an das Tempo anderer.

Materialien
Eventuell Uhr mit Sekundenzeiger, Mikrophon mit Lautverstärker (falls erreichbar).

Einstieg
Wer kann seinen Puls spüren? Wo? An welchen Körperstellen? Ist er schnell oder langsam? Wer eine Uhr mit Sekundenzeiger hat, kann ihn sogar messen.

Aufgaben
☐ Mit geschlossenen Augen versucht jeder sein Pulstempo zu spüren und auf irgendeine Weise ins Akustische nach außen zu übertragen (Schnalzen mit der Zunge, Stimme usw.). (Einzelaufgabe)
☐ Wieder mit geschlossenen Augen soll das Pulstempo nun auf eine zuerst ostinate (wiederholte) Bewegung übertragen werden (Kopfschütteln, Hin- und Herschwanken, Gewichtsübertragung, Armimpuls usw.). (Einzelaufgabe)
☐ Nun werden die Augen geöffnet, durch das Beobachten der anderen wird meist das eigene Tempo beeinflußt und verändert. Wer kann seinen Puls trotzdem in der Bewegung durchhalten? (Einzelaufgabe)
☐ Die Gruppe steht im Raum gleichmäßig verteilt. Jeder beginnt im eigenen Pulstempo (auch akustisch verstärkt) zu gehen, mit der Zeit soll die ganze Gruppe zu einem einheitlichen Tempo finden. (Gruppenaufgabe)
☐ Kleingruppen bilden sich, die einzelnen Teilnehmer suchen sich innerhalb ihrer Gruppe eine entspannte Ruhehaltung. Ganz leise sollen die unterschiedlichen Pulsgeräusche beginnen (verschiedene Klangfarben suchen) und immer lauter werden. Jeder einzelne bewegt sich dazu auf seine Weise, erst nur mit den Händen, dann mit den Armen, dem Kopf, den Schultern, dem Rumpf usw., bis beim intensivsten Geräusch auch der ganze Körper einbezogen ist. Dabei vollzieht jeder sein eigenes Tempo. Pause. Ruhestellung. Jeder versucht, sich das mittlere Tempo der ganzen Gruppe vorzustellen. Zugleich beginnen nun alle mit diesem und einer einander möglichst angeglichenen Bewegung. (Gruppenaufgabe)

Bemerkungen
Pulsübungen können außer in der Art eines geschlossenen Themas sehr häufig für kurze Zeit im Unterricht verwendet werden. Sie sind konzentrierend und helfen zu einer aufmerksamen Hinwendung zu sich selbst.

Langsam — schnell

Einführung
Dieses Thema ist Grundlage für einige andere z. B. Accelerando — Ritardando, Slow motion, Zeitraffer usw.). Jedoch geht es hier um das Beibehalten des Tempos sowohl in rascher als auch in langsamer Bewegung.

Lernziel
Erkennen von Tempounterschieden. Ausführen unterschiedlicher Geschwindigkeiten in der Bewegung. Beibehalten des gewählten Tempos auch bei Irritation durch gleichzeitige, andere Geschwindigkeiten.

Materialien
Metronom.

Einstieg
☐ Was bewegt sich schnell, was langsam? (Antworten aus dem Erfahrungsbereich der Gruppe.)
☐ Anschauungsmaterial: Ein Ball wird vorsichtig gerollt, ein anderer energisch gestoßen. Was ist der Unterschied?
☐ Ein Metronom wird auf Prestissimo, ein anderes (oder dasselbe später) auf Largo eingestellt. Kann man sich dazu bewegen?

Aufgaben
☐ Jeder Teilnehmer denkt sich zwei voneinander entfernte Punkte im Raum. Nun stellt er sich ein langsames Tempo vor und bewegt sich von einem Punkt zum anderen. Bei der Wiederholung wird das Metronom eingestellt, die individuellen, langsamen Tempi werden vereinheitlicht. Ebenso in raschem Tempo: zuerst Eigenvorstellung, dann mit Metronombegleitung. (Einzelaufgabe)
☐ Anstelle von Lokomotion kann auch gestische Bewegung verwendet werden, in diesem Falle sind die beiden Punkte in Reichweite des ausführenden Körperteils. Langsam und schnell, wie oben. (Einzelaufgabe)
☐ Zwei Teilnehmer arbeiten jeweils zusammen an zeitlichem Kontrast. A führt eine langsame Bewegung aus, B verändert sie durch eine sehr rasche Ausführung (z. B. langsame Drehung — schnelle Drehung). Dann werden die Rollen gewechselt, B beginnt, A kontrastiert. (Partneraufgabe)
☐ Drei Gruppen haben sich gebildet, jede wählt ein anderes Tempo: A langsam, B mittel, C rasch. Am Anfang bewegt sich jede Gruppe (in einer der fünf Grundformen) alleine, um sich und ihr Tempo „vorzustellen“. Später agieren jeweils zwei Gruppen zur selben Zeit, ohne sich im Tempo anzugleichen. Schließlich sind alle drei Gruppen gleichzeitig in Aktion, wobei Einsätze und eventuelle Pausen von jeder Gruppe selbst bestimmt werden. (Gruppenaufgabe)

Geradlinig-scharfe Bewegungen werden zur Begleitung eines
Metronoms ausgeführt.

□ Das Metronom wird auf ein mittleres Tempo eingestellt. Jeder versucht, sich lokomotorisch, gestisch, springend oder drehend an das vorgegebene Tempo zu halten. Gelingt es ihm, sich präzise zum Metronomschlag zu bewegen, so soll als Steigerung der Aufgabe versucht werden, sich bewußt schneller oder langsamer als dieser zu bewegen. (Einzelaufgabe)

Bemerkungen
Der Unterschied zwischen menschlicher Vorstellung von Gleichmäßigkeit und mechanisch exakter Ausführung überrascht. Die Anpassung an das Metronom, mehr noch die bewußte Negierung desselben, fällt schwer, doch fördert sie die zeitliche Präzision der Bewegung.
Aufgaben dieser Art sind in allen Grundformen der Bewegung, aber auch in Kombinationen derselben von Zeit zu Zeit zu stellen.

Slow motion

Einführung
Slow motion findet im Alltagsleben relativ selten statt. Meist ist dazu eine Veränderung der Umwelt (Bewegung im Wasser), eine bestimmte psychologische Situation (z. B. äußerste Vorsicht in der Bewegung) oder eine technische Veränderung (z. B. Film) notwendig.

Materialien
Nach Möglichkeit Bild- oder Fotomaterial.

Lernziel
Erfahrung und Anwendung gleichmäßiger und kontrollierter Spannung und ruhiger, fließender Atmung. Bewältigung des Balanceproblems. Erkenntnis, daß einige Bewegungen (z. B. Fälle oder Sprünge) nicht in Zeitlupe ausgeführt werden können.

Einstieg
□ Der Leiter erinnert an die Bewegungserfahrung beim Gehen unter Wasser oder beim Anschleichen (Indianerspiel).
□ Bilder der Astronauten-„Spaziergänge" im luftleeren Raum.
□ Erinnern an Slow-motion-Aufnahmen im Fernsehen (z. B. Aufnahmen von Torschüssen beim Fußballspiel in Zeitlupe).

Aufgaben
□ Jeder einzelne denkt sich eine Bewegung (z. B. umdrehen, etwas aufheben, jemandem die Hand geben) und versucht, sie so langsam wie möglich auszuführen. (Einzelaufgabe)
□ Dieses Beispiel ist zu erweitern durch Aufgaben aus dem Bereich der Lokomotion, der Gestik, Elevation und Rotation. Ist in allen Bereichen eine Zeitlupenbewegung möglich? (Einzelaufgabe)
□ Eine Bewegungssequenz, die aus einer früheren Stunde oder einem tradierten Tanz bekannt ist, wird in Slow motion versucht. (Einzelaufgabe)
□ Zwei Partner führen eine sehr kurze Szene (z. B. Begrüßung) in Slow motion aus. (Partneraufgabe)
□ Aus der Ruhelage am Boden soll die ganze Gruppe sich aufrichten, sich zu einem anderen Platz bewegen und wieder in die Ausgangshaltung zurückkehren. (Gruppenaufgabe)

Zeitraffer

Einführung
Auch dieses Thema ist aus Film und Fernsehen bekannt und hat dort eine besondere, meist groteske Wirkung, die sich aus dem Kontrast zwischen gewählter Bewegung und Ausführungstempo ergibt. Ein laufender Buster Keaton oder Charlie Chaplin wäre nur halb so komisch wie ein wahnsinnig schnell gehender.

Lernziel
Erfahren und Bewußtwerden des in der Zeitraffertechnik liegenden Widerspruchs. Deutliche Unterscheidung und Fähigkeit zur Ausführung von Normaltempo, Zeitraffer und Slow motion. Bewußtmachen der Ausdruckqualität.

Materialien
Falls möglich, Videomitschnitt einer Zeitrafferbewegung aus dem Fernsehen (Wettgehen, Fußballballett).

Einstieg
Besprechung des Anschauungsmaterials.
Wie schnell kann man gehen, ohne daß Laufen daraus wird?

Aufgaben
Um den Unterschied zwischen Zeitlupe und Zeitraffer deutlich zu machen, sollten möglichst ähnliche Aufgaben gestellt werden.
□ Ausführen einer bekannten Bewegungssequenz im Zeitraffer — dabei darf jedoch das Ausmaß der Bewegung nicht verringert werden. (Einzelaufgabe)
□ Wettgehen zu zweit. (Partneraufgabe)
□ In der Gruppe aus der Ruhelage aufstehen, einen weit entfernten Platz erreichen, sich niederlegen. Diese Übung ist nicht als Wettkampf, sondern mit gemeinsamem Gruppentempo auszuführen. (Gruppenaufgabe)

Slow motion: Die Veränderung der Gruppe soll in möglichst langsamer Bewegung und vollkommen gleichmäßig vor sich gehen.

Accelerando — Ritardando

Lernziel
Erkennen der Zusammenhänge zwischen Temposteigerung und Energieeinsatz. Kontrolle des Eigentempos in der Anpassung an die Gruppe.

Materialien
Bewegte Objekte, z. B. Brummkreisel, Reifen u. a.

Einstieg
Wie drehen sich die Propeller eines startenden oder landenden Flugzeugs? Wie hängen Ton und Geschwindigkeit bei einem Brummkreisel zusammen?

Aufgaben
☐ Der erste Versuch kann als Aufgabe für partielle Improvisation mit kreisenden Bewegungen der Arme (wie Windmühlen) durchgeführt werden. Aus der Beobachtung verschiedener Lösungen ergibt sich die Erkenntnis, daß das Ausmaß der Bewegung sich im Accelerando bei einigen verringert, bei anderen jedoch gleichbleibt. (Einzelaufgabe)

☐ Paare bekommen die Aufgabe, eine Verbindung von Lokomotion und Sprung zu entwickeln und im Tempo zu verändern. Wann sind die Grenzen erreicht, d. h., ab welchem Tempo kann man nicht mehr springen? (Partneraufgabe)

☐ Alle Mitglieder der Gruppe stehen auf relativ engem Raum zusammen. Der gemeinsame Mittelpunkt (eine Person oder ein imaginärer Punkt) wird klargemacht, dann beginnen alle sich kreisend um diesen Mittelpunkt zu bewegen, immer schneller und schneller, wie ein Strudel. Wenn das Tempo nicht mehr zu steigern ist, wird es gleichmäßig wieder abgebaut. (Gruppenaufgabe)

☐ Die Aufgabe kann räumlich variiert werden: Accelerando bringt die Gruppe näher zum Mittelpunkt, beim Ritardando weicht sie wieder zurück. (In diesem Fall muß die Beschleunigung aus Platzgründen ziemlich rasch vor sich gehen.) (Gruppenaufgabe)

☐ Kleingruppen bauen eine Maschine (siehe VI, S. 117 f.). Es entsteht ein komplexes Gebilde aus mehreren Körpern, das langsam in Betrieb gesetzt wird, schwerfällig anläuft, sich immer rascher bewegt (gestisch oder/und lokomotorisch). Ist das maximale Tempo erreicht, wird das Tempo gleichmäßig verringert, bis die Maschine zum Stillstand kommt. Unter Umständen kann diese Übung durch eine andere Gruppe mit Schlaginstrumenten begleitet werden. (Kleingruppenaufgabe)

Bemerkungen
Die Gefahr besteht bei partiellen Bewegungen im Accelerando, daß die Bewegungen nur mechanisch ausgeführt werden. Der Leiter sollte darauf hinweisen, daß sowohl die Körperspannung als auch die Tempoveränderung in jedem Teilmoment wahrgenommen und erfüllt werden soll.

Kontinuierliche und unterbrochene Bewegung

Einführung
Laban bezeichnet dies in seiner Terminologie als „sustained and sudden movement". Im musikalischen Bereich bezeichnet man die fließende Verbindung von Tönen als „legato", die scharfe Trennung von Tönen als „staccato".

Lernziel
Beobachten und Erkennen von kontinuierlicher oder unterbrochener, plötzlicher Bewegung. Entwicklung des unterschiedlichen Spannungseinsatzes und der Fähigkeit, beide Arten allein oder mit anderen auszuführen.

Materialien
Instrumente zur Bewegungsbegleitung (Melodieinstrument oder Becken bzw. Gong und Holzblocktrommel oder Tempelblocks (eine Art Holzblocktrommel).

Einstieg
☐ Der Leiter stellt ein akustisches Beispiel vor: Lange klingender Ton oder verbundene Töne zuerst, dann kurz klingende oder gestoppte Klänge.

☐ Er zeigt zwei Bewegungen: a) große, kontinuierlich ausgeführte Armbogen von einer Ecke des Raums zur anderen weisend; b) kurze, unterbrochene Zeigegesten mal in die eine, dann in die andere Ecke. Was ist an diesen Beispielen festzustellen?

Aufgaben
☐ Lokomotion mit Vorstellungshilfe: Gehen in der Dunkelheit, Ängstlichkeit, Erwartung einer Gefahr (mit häufigem Anhalten, Umblicken, Lauschen, raschem Weitergehen usw.). (Einzelaufgabe)

☐ Partner berühren sich an beiden Händen. Eine gleichmäßige Armbewegung (Zeichnen in der Luft) wird zur Begleitung ausgeführt. Beim akustischen Wechsel (z. B. zuerst lang klingende Gong- oder Beckentöne oder Flöte; dann scharf gestoppte Beckenschläge oder Holzgeräusche von Tempelblocks oder Holzblocktrommeln) trennen sie sich und umkreisen einander in abrupt unterbrochenen ganzkörperlichen Bewegungen. (Partneraufgabe)

☐ Diese Aufgabe kann nach einiger Zeit von den Akteuren selbst mit Stimmgeräuschen begleitet werden, damit wird jedes Paar unabhängig von der Begleitung des Leiters.

☐ Eine ganze Gruppe gleitet gleichmäßig wie ein Strom von einer Ecke zur anderen. Bei Fortgeschrittenen können durch Führerwechsel verschiedenste Raumwege (z. B. Mäander) gegangen werden. (Gruppenaufgabe)

☐ Aus der vorigen Aufgabe entwickelt sich eine A-B-A-Form. Die erste Aufgabe stellt den A-Teil dar, plötzlich (akustisches Signal) bleibt die Gruppe stehen, jeder kommt mit unterbrochenen Bewegungen (loko-motorisch und gestisch) auf einen anderen Platz und zur Gruppe zurück (B), dann beginnt wieder das ruhige, kontinuierliche Gleiten als Wiederholung des A-Teils.

Ametrische und metrische Bewegung

Einführung
Der weitaus größte Teil aller menschlichen Bewegung (vor allem der Alltagsbewegung) findet ohne metrische Fixierung statt. Erst durch das Hinzukommen der Musik, die in sich meist metrisch akzentuiert und rhythmisch gegliedert ist, wird auch die Bewegung diesem Ordnungs-prinzip unterworfen. Ametrisch bedeutet also: nicht an einen gleichbleibenden Grundschlag gebunden, frei im Tempo, ohne taktmäßige Betonung.

Lernziel
Die im traditionellen Tanzunterricht sehr häufig vernach-lässigte oder ausgeklammerte ametrische Bewegung soll erfahren und von metrischer bewußt unterschieden werden. Verschiedene Realisationen von ametrischen Bewegungen.

Materialien
Nach Möglichkeit Videomitschnitt von den Lipizzanern der Wiener Hofreitschule.

Einstieg
☐ Beobachtung einer menschlichen Alltagsbewegung (z. B. Ordnen von Dingen, sich anziehen usw.) oder eines Tieres. Tierbeispiele (z. B. Katze) sind viel über-zeugender, da nur wenige Tiere zu metrischen Bewegungen dressiert werden (Lipizzaner, Roßballette).
☐ Erinnerung an die Beobachtung eines Vogelflugs.

Aufgaben
Beispiele sollten am besten in metrischer und ametrischer Form gebracht werden:
☐ Lokomotion mit Vorstellungshilfen: Festzug in der Fußgängerzone, Marschmusik; eine Gruppe stellt den Festzug dar (metrisch gebundene Lokomotion). Ist der Aufzug vorüber, spazieren die Fußgänger weiter, betrachten Schaufenster, treffen Bekannte, setzen sich auf Bänke, Kinder spielen usw. (ametrische Loko-motion). (Gruppenaufgabe)
☐ Gestische Bewegung mit Vorstellungshilfen: Hände und Arme bewegen sich zu einem Metronom oder einer Begleitung wie Scheibenwischer (metrisch).
Die beiden Hände jedes einzelnen stellen ein Vogel- oder Schmetterlingspaar dar, die von einem Platz (Blume) zum anderen fliegen, langsam gegen den Wind, im Sturzflug abwärts (ametrisch). (Einzelaufgabe)
☐ Eine Gruppe verteilt sich an die Wände des Raums. Einer nach dem anderen soll sich über das leere Mittel-feld auf die gegenüberliegende Seite zubewegen. Die Bewegung erfolgt ohne Begleitung, es können extreme Tempounterschiede gewählt werden (eilen, zögern, verharren, hasten usw.). Um die Aufmerksamkeit zuerst nur auf den zeitlichen Ablauf zu konzentrieren, wird von allen die gleiche Bewegungsart gewählt. Später können individuelle Bewegungen eingeführt werden. Die Einsätze werden individuell bestimmt. Es entsteht ein sehr eigenartiger, vielfältiger Ablauf. (Ametrische Gruppenaufgabe)
☐ Die gleiche Aufgabe in metrischer Ausführung. Die Begleitung gibt das gemeinsame Tempo, nur die Bewegungsart und die Raumwege sind vom einzelnen zu beeinflussen. Der entstehende Ablauf wirkt geordnet, aber viel weniger spannend als bei der ametrischen Lösung.

Bemerkung
Alle Grundformen der Bewegung sollen in metrischer und ametrischer Form als Aufgaben gestellt werden.

Rhythmisierung

Einführung
Durch Rhythmisierung von Bewegung über einem gleich-bleibenden Grundschlag entsteht eine Gliederung des sonst zeitlich kaum strukturierten Bewegungsablaufs. Es werden kleine Gestalteinheiten geschaffen, die wiederholt werden (Ostinato) oder an andere — ähnliche — angefügt werden können (Motivreihe). (Siehe auch III, Ostinati.)

Lernziel
Bewußtwerden und Ausführen unterschiedlicher Rhythmen. Akustische Rhythmen sollen in motorische übertragen werden und umgekehrt. Erfassen und Realisieren von Rhythmus und Komplimentärrhythmus als einfache Zweistimmigkeit.

Materialien
Instrumente zur Bewegungsbegleitung.

Einstieg
Der Leiter spielt akzentlos ein bestimmtes Grundtempo auf Bongos, Handtrommel o. ä. Die Gruppe soll über diesem das Tempo markierenden Grundschlag akustisch improvisieren, d. h. verschiedene Rhythmen erfinden. Das kann mit Klanggesten (Klatschen, Schnalzen, Patschen und Stampfen, Auf-den-Boden-Schlagen) oder mit kleinem Schlagwerk geschehen.

Aufgaben

☐ Der nicht akzentuierte Grundschlag, aus dem also noch keine Taktart zu erkennen ist, wird von den Teilnehmern durch Schritte aufgenommen und von jedem einzelnen durch Betonung einzelner Schritte in eine von ihm bestimmte Taktart gebracht, sodann durch Verdopplung, Verzögerung, Punktierung, Überziehen von Schritten usw. rhythmisiert. (Einzelaufgabe)

☐ Die Begleitung greift einen der so entstandenen Rhythmen auf, der nun von allen in individueller Weise gestaltet werden kann. Dabei sollen möglichst alle Grundformen der Bewegung Verwendung finden. (Einzelaufgabe)

☐ Wenn synchrone Ausführung der Bewegung zu einem akustischen Begleitrhythmus bereits vorauszusetzen ist, können auch Gegenrhythmen (komplimentäre Rhythmen) versucht werden. Das heißt, die Bewegung fällt nicht mit dem akustischen Rhythmus zusammen, sondern spielt sich in den „freien Zeiten", sozusagen zwischen den bereits bestehenden Klängen ab. Um dies zu praktizieren, empfiehlt es sich, in der Begleitung einfache Rhythmen in nicht zu raschem Tempo zu wählen. Auch diese Aufgabe kann zuerst akustisch (mit Klanggesten) vorbereitet werden, bevor sie motorisch versucht wird. (Einzelaufgabe)

☐ Die akustische Begleitung wird weggelassen, Paare bilden sich. A erfindet in der Bewegung einen deutlich verstehbaren, nicht zu langen Rhythmus und führt ihn in ständiger Wiederholung aus, bis B einen komplimentären Bewegungsrhythmus dazu gefunden hat. Dann werden die Rollen getauscht. (Partneraufgabe)

☐ Vier Personen bilden eine Kleingruppe. A entwirft ein Bewegungsmotiv aus zwei (bei Fortgeschrittenen auch mehreren) Bewegungsarten, B begleitet diesen Bewegungsrhythmus synchron auf einem Instrument. C findet einen komplementären Rhythmus zu B, und D überträgt diesen zweiten akustischen Rhythmus synchron in die Bewegung, als bewegungsmäßige Komplementierung von A. (Kleingruppenaufgabe)

☐ Ein so entstandenes Beispiel kann auf größere Gruppen übertragen werden. Gruppe A bildet einen Innenkreis, Gruppe B einen Außenkreis (auch zwei Frontreihen, gegenüberstehende Gruppen). Jede Gruppe wird von einem Instrumentalisten begleitet. Die komplementären Bewegungsmotive werden nun auch räumlich gegeneinandergesetzt. (Gruppenaufgabe)

Bemerkungen

Will der Leiter solche Aufgaben stellen, ist vorauszusetzen, daß er über elementare musikalische Fähigkeiten und Kenntnisse verfügt. Sonst vermag er den Teilnehmern weder Hilfe zu geben noch die Ergebnisse richtig einzuschätzen.

Gleichzeitig — nacheinander

Einführung

Die Bewegung eines Armes beispielsweise kann alle Teile desselben zur gleichen Zeit aktivieren, man nennt dies eine simultane Bewegung. Auch eine gleichzeitige Bewegung von Armen und Kopf während des Gehens kann als solche bezeichnet werden. Ebenso auch die Ausführung einer Bewegung von mehreren Personen zur selben Zeit. Eine sukzessive Bewegung bedeutet ein Nacheinander einzelner Teile, eine Aufeinanderfolge von Bewegungen des Kopfes, der Arme und der Beine. Oder eine Bewegung, die von verschiedenen Ausführenden nacheinander vollzogen wird.

Lernziel

Erfahren und Bewußtmachen des Unterschieds zwischen simultaner und sukzessiver Bewegung. Schulung der Koordination. Übertragung des Prinzips auf die Arbeit mit Partnern und Gruppen.

Materialien

Keine.

Einstieg

Der Leiter demonstriert zwei Beispiele:

a) Langsames Abrollen der Wirbelsäule vom Kopf bis zum Vorhängen des Oberkörpers, Einknicken der Knie, zu Boden gleiten.

b) Der ganze Körper fällt gespannt nach vorne und wird auf den Händen abgefangen.

Welcher Unterschied ist zu erkennen?

Aufgaben

☐ Exploration der Bewegungsaufeinanderfolge in den Extremitäten und in der Wirbelsäule, z. B. Beugen der Fingergelenke, des Handgelenks und des Ellbogengelenks. Ebenso langsames Strecken. (Einzelaufgabe)

☐ Simultane Bewegung der ganzen Arme, Beine usw. (Einzelaufgabe). Welcher unterschiedliche Charakter liegt in sukzessiver oder simultaner Bewegung?

☐ Lokomotion
   a) Die Bewegung soll sukzessive erfolgen, z. B. Oberschenkel, Unterschenkel, Fuß, Gewichtsübertragung;
   b) simultane Bewegung: Der ganze gespannte Körper bewegt sich ruckartig als Block vorwärts.

☐ Fließende Übergänge in Sukzessivbewegungen: z. B. weiches Aufrollen aus der Hockstellung oder fließende Armbewegung Oberarm — Unterarm — Hand. Alle bisher gestellten Aufgaben sind Einzelaufgaben.

☐ Paare finden sich. A erfindet ein Motiv, das sich aus zwei oder mehreren Grundformen und deren Varianten zusammensetzt. B wiederholt dies, danach führen es beide gemeinsam aus. Rollentausch. (Partneraufgabe)

Kettenreaktion „Kartenhaus": Das Vorbild der fallenden Kartenreihe wird zur Kettenreaktion. Einer nach dem anderen wird in die Bewegung hineingezogen.

☐ Eine Gruppe steht im Kreis. Zuerst bewegen sich alle zur gleichen Zeit zur Mitte und wieder zurück. Die Art der Bewegung kann unterschiedlich sein; sie kann auch jeweils von einem Teilnehmer vorgegeben werden. Bei der sukzessiven Form setzt der erste ein, der zweite unmittelbar darauf usw. Es entsteht eine Art Kettenreaktion. Die Reihenfolge der Einsätze kann — bei Anfängern — festgelegt werden. Fortgeschrittene finden die Einsätze ohne Fixierungen. Wollen mehrere zu gleicher Zeit anfangen, so muß eine nonverbale Klärung erfolgen.

3. Dynamikerfahrungen in der Bewegung

Jeder Bewegung liegt ein Kraftimpuls zugrunde. Dieser Impuls kann den ganzen Körper oder bestimmte Teile bewegen. Kraft kann sich aber auch bewegungslos — nur in einer Erhöhung der Muskelspannung — äußern und damit Spannungshaltungen entstehen lassen.
Es gehört zu den Aufgaben der Tanzerziehung, den Körper gleichmäßig zu kräftigen; damit beschäftigt sich vorwiegend die Körperbildung. In der Improvisation sollen Unterschiede der Krafteinsätze erfahren und je nach Absicht in energievoll-gespannten oder leichten und gelösten Bewegungen eingesetzt werden.

Dynamik im Bewegungsansatz

Einführung
Warum gibt es „Elefanten im Porzellanladen", also Personen, die mit ihrer eigenen Kraft nicht umgehen können und dadurch zerstören, wo sie es gar nicht wollen? Viele Menschen vermögen ihre Kraft nicht zu dosieren, sie wissen gar nicht, wofür sie eigentlich Kraft brauchen. Dynamisches Bewußtsein und Ökonomie sind für jeden tanzenden Menschen sehr wichtige Voraussetzung.

Lernziel
Erfahren und Kontrollieren von dynamischen Impulsen, Erkennen der für eine Bewegung notwendigen Kraft.

Materialien
Schwere Gegenstände: z. B. Podeste oder Kisten, Pappschachteln.

Einstieg
Der Leiter fordert die Teilnehmer auf, zwei Objekte (leere Pappschachtel und schweres Podest) vom Platz zu bewegen! Welcher Unterschied entsteht in der Bewegung, welche Lösung braucht viel, welche wenig Kraft? Woher kommt die Kraft? Kurzes Gespräch.

Aufgaben
☐ Entspannte Rückenlage, geschlossene Augen. Es soll versucht werden, in einem Bein, einem Arm so viel Kraft aufzuwenden, daß dieser Körperteil den Boden zwar noch leicht berührt, an den Auflagepunkten jedoch kein Druck mehr zu spüren ist. Dasselbe auch mit anderen Körperteilen, z. B. Kopf, Becken, Brust oder Rücken. (Einzelaufgabe)
☐ Diese Aufgabe kann mit einem Partner durchgeführt werden. A hält die Arme unter Bs Kopf, Arm, Bein usw. und versucht, am Gewicht des Körperteils den Grad der Muskelspannung zu beobachten. Ein entspanntes Bein hat ein vollkommen verändertes Muskelrelief, es liegt leicht und ohne Druck in den Händen des Helfers. Rollentausch. (Partneraufgabe)
☐ Die Muskulatur kann auch gespannt werden, ohne daß eine Bewegung im Raum erfolgt; d. h., die Beugestellung der Arme wird fixiert, indem z. B. die Hände vor dem Körper aneinandergelegt werden, die Muskeln spannen sich an, die Hände drücken gegeneinander, eine Bewegung erfolgt jedoch nicht. Man nennt diese Übungen isometrisch. Dieser Druck kann gegen Teile des eigenen Körpers, gegen Wand oder Fußboden oder gegen Objekte (Podeste) ausgeübt werden. (Einzelaufgabe)
☐ Zwei Partner berühren sich mit den Rücken (Unterarmen, Händen, Fußsohlen) und versuchen, sich vom Platz zu drängen. Wenn ein „Sieg" erfolgt ist, trennt sich das Paar, und jeder sucht sich einen neuen Partner. (Partneraufgabe)
☐ Jeder versucht für sich allein in einer beliebigen, später auch wechselnden Position eine Bewegung des Kopfes (des Knies, Ellbogen, Fußes usw.), zuerst mit minimaler, dann mit etwas mehr, mit viel, schließlich mit aller Kraft. Zu dieser Aufgabe können auch Objekte (z. B. unterschiedliche Bälle von japanischen Papierbällen bis zu Medizinbällen) verwendet werden.

Bemerkungen
Im allgemeinen wird viel Kraft mit schnellem Tempo und großem Raumweg assoziiert, doch ist dies keineswegs eine notwendige Kombination. Geringer oder intensiver Krafteinsatz sollte zuerst langsam und mit wenig Raumwirkung erfahren werden, um eine möglichst konzentrierte Sensibilisierung zu erreichen.

Gespannt — kraftvoll

Lernziel
Energie soll plötzlich oder langsam zunehmend herstellbar werden. Erkennen und Ausführen von statischer Spannung (gespannte Position) und bewegter Spannung.

Materialien
Keine.

Einstieg

Die Teilnehmer sollen Beispiele für ein gespanntes Bewegungsverhalten finden (Gewichtheber bei Erreichen der maximalen Armstreckung; ein 100-Meter-Läufer vor dem Startschuß, ein Tänzer bei einem hohen Sprung). Unterschiede zwischen statischer und motorischer Spannung werden beobachtet und diskutiert.

Aufgaben

☐ Kontrast zwischen „schwer" und „gespannt". Entspannte Ruhelage am Boden, alle Glieder des Körpers liegen schwer auf. Ein plötzlicher, scharfer Metallklang reißt die Teilnehmer in eine gespannte Erwartungshaltung hoch, es kommt zu einer teilweisen Aufrichtung. Es passiert nichts, also sinken sie wieder schwer nach unten. Ein neues Geräusch bringt sie in eine neue Position — wieder Entspannung usw. Die Spannungshaltung sollte so intensiv sein, daß sich keine Wimper bewegt.

☐ An welche Wörter erinnern energische, kraftvolle Gesten? Einzelne zeigen entsprechende Bewegungen, die anderen versuchen die passenden Bezeichnungen dafür zu finden: stoßen, schlagen, drücken, schieben, stampfen, ziehen, pressen, stemmen. Die Aktionen wirken: aggressiv, mächtig, wütend, majestätisch, brutal. (Einzelaufgabe mit Gruppenbeteiligung) (Siehe auch IV., Wortfelder, Seite 99.)

☐ Zwei Partner führen einen Scheinringkampf, belauern sich, schleichen in angespannter Erwartung umeinander, bluffen durch Finten, starten blitzschnelle Angriffe. (Partneraufgabe)

☐ Spannungsvolle Gesten können mit verschiedenen Teilen des Körpers ausgeführt werden. Zwei Partner finden die Spielregel, immer mit dem vom anderen verwendeten Körperteil auf dessen Bewegung zu reagieren; z. B.: A stößt mit der Ferse, B preßt die Ferse langsam zu Boden, gibt aber in seiner nächsten Bewegung eine neue Möglichkeit an; er drückt z. B. seine Handfläche zur Decke, A schlägt mit seiner Hand nach unten usw. (Partneraufgabe)

☐ Lokomotion
Wie kann man in der Fortbewegung viel oder wenig Kraft einsetzen? (Wenn man, z. B., seinen Partner zieht oder schiebt, etwas Schweres trägt usw.) Auch Vorstellungshilfen können (vor allem bei Kindern) Anregungen bringen wie: ein Riese, ein Boxer. (Einzelaufgabe)

Leicht — gelöst

Einführung

Dieses und das vorherige Thema sind möglichst als Kontrast zu erleben. Aufgaben, die mit viel Energie ausgeführt werden, bekommen einen vollkommen anderen Ausdruck und erwecken ein anderes Körpergefühl, als wenn sie leicht und mit wenig Spannung durchgeführt werden.

Lernziel

Erfahren und Bewußtwerden minimalen Krafteinsatzes. Unterscheidung und Ausführung von gelöst-leichten und gespannt-kraftvollen Bewegungen.

Materialien

Leichte Schals oder Tücher, japanische Papierbälle oder Luftballons.

Einstieg

Erinnern an persönliche Erfahrungen, wie: nach Ski- oder Eislaufen beinahe „schwebend" gehen, einen schweren Rucksack ablegen und sich plötzlich ganz leicht fühlen u. ä.

Aufgaben

☐ Alle versuchen für sich, eine gespannte Haltung (z. B. geballte Faust, extreme Streckspannung, gespanntes Zusammenkauern) sehr langsam aufzulösen und dabei auf das Nachlassen der Energie zu achten. (Einzelaufgabe)

☐ Imitationsbeispiel:
Partner kommen zusammen. A stellt ein Motiv vor, das leicht und zart in der Bewegung einmal am Platz, das nächste Mal mit Lokomotion verbunden ausgeführt werden soll. B imitiert die Bewegung wie ein Echo. Nach einiger Zeit Rollentausch. (Partneraufgabe)

☐ Paare spielen mit einem japanischen Papierball, einem Luftballon oder einem Seidenschal, bewegen das Objekt, passen sich der Bewegung des Objektes an und setzen dabei minimale Kraft ein. (Partneraufgabe)

☐ Jeder einzelne denkt sich eine gelöste Bewegung, die nur wenig Kraft benötigt, erprobt sie und zeigt sie schließlich den anderen; diese bemühen sich, die richtige Benennung dafür zu finden: tasten, tupfen, berühren, streicheln, gleiten, schweben, sinken usw.

Akzente

Einführung

Akzente bedeuten plötzliche oder regelmäßige Betonungen. Eine Bewegung wird im Vergleich zu den anderen wichtiger. Diese Akzentuierungen können sich außer im Dynamischen auch im Räumlichen oder im Kontrast von Bewegungen bemerkbar machen.

Lernziel

Schnelle körperliche Reaktion, plötzlicher Spannungswechsel.

Materialien

Instrumente zur Begleitung.

Einstieg

☐ Der Leiter erinnert an den optischen Eindruck von plötzlich aufleuchtenden Lichtreklamen. Regelmäßig oder unregelmäßig.

☐ Ein kurzer Rhythmus wird vom Leiter auf Bongos oder einem anderen verfügbaren Instrument gespielt und regelmäßig akzentuiert (z. B. sehr deutliche Betonung in einem 3/4-Takt). Die Gruppe soll versuchen, die Akzente in ihrer Wiederkehr zu verstehen und mitzuklatschen.

☐ Als Kontrast dazu spielt der Leiter einen unregelmäßig akzentuierten Rhythmus, in dem nicht vorauszusehen ist, wann Betonungen erfolgen werden.

Aufgaben

☐ Eine gleichmäßige Begleitung wird von allen Beteiligten lokomotorisch ausgeführt. Die musikalischen Akzente sollen übernommen werden, dabei soll der Schwerpunkt einmal auf akustischen, das nächste Mal auf visuellen, das dritte Mal auf taktilen Akzenten liegen (z. B. aufstampfen, schnelle Geste, Berührung eines Partners). (Einzelaufgabe)

☐ Von jedem einzelnen soll eine Bewegungssequenz aus Kombinationen der Grundformen gefunden werden. Wie verändert sich der Ablauf, wenn eine Bewegung am Anfang (in der Mitte oder am Ende) betont wird? (Einzelaufgabe)

☐ Zwei Partner bewegen sich in einem gemeinsamen Motiv über die Diagonale, z. B. laufend, mit weiten Ausfallschritten, trippelnd und drehend usw., abwechselnd und unregelmäßig soll die Bewegung akzentuiert werden, beim ersten Durchgang durch einen akustischen Akzent (stampfen, klatschen, auf den Boden schlagen), beim nächsten durch eine Armgeste, beim dritten durch eine Beingeste usw. (Partneraufgabe)

☐ Eine Gruppe bewegt sich in weiten Kurven, durch einen akustischen Akzent läßt einer der Teilnehmer erkennen, daß er nun die Führung übernehmen möchte. (Gruppenaufgabe)

☐ Kleingruppen bilden sich. Sie sollen eine monotone Art der Fortbewegung in einer tiefen Ebene finden. Plötzlich und unregelmäßig werden von verschiedenen Teilnehmern Akzente gesetzt, die die Gegenrichtung betonen.

☐ Mehrere Gruppen bewegen sich in verschiedenen Ebenen, jede für sich entwickelt eine unregelmäßige Akzentuierung (akustisch, visuell oder taktil). Alle Gruppen zur gleichen Zeit in der Bewegung erwecken einen polymetrischen Eindruck. (Gruppenaufgabe)

Bemerkungen

Bei all diesen Aufgaben sollten immer wieder wechselnde Schwerpunkte auf verschiedene Grundformen oder deren Verbindungen gelegt werden. Spielregeln, die sich zufällig ergeben, bereichern die Themen sehr.

4. Raumerfahrungen in der Bewegung

Alle Dinge, die uns umgeben, haben eine bestimmte Raumgestalt, die meist davon abhängt, ob es sich dabei um Erscheinungen der Natur oder der Technik handelt. Jede Bewegung führt in eine bestimmte Richtung, zeichnet einen Raumweg und findet in verschiedenen Flächen oder auf unterschiedlichen Ebenen statt.

Dieselben räumlichen Gesetzmäßigkeiten prägen auch die menschliche Bewegung. Der Mensch kann jedoch eine bewußte Verwendung des Raumes hinzufügen, die zu einer beabsichtigten Verbindung von Ausdruck, Bewegung, Form und Raum führt. Die folgenden Themenbeispiele vermitteln Grunderfahrungen in der Beziehung zum Raum und regen zu spontanen Gestaltungsversuchen auf diesem Gebiet an.

Geradlinig — kurvig

Einführung

Die kürzeste Verbindung zwischen zwei Punkten ist eine Gerade. Bei Richtungswechsel entstehen winklige Linien, die zu eckigen Flächen führen. Eine Kurve ist eine weitschweifige Verbindung zweier Punkte. Runde Linien mit Richtungswechsel führen in der körperlichen Ausführung zu Verwringungen, „twist" ist die Bezeichnung des Modern dance dafür. Runde oder kurvige Linien führen zu kurvigen Flächen.

(Eine genaue Aufstellung von Raumwegen und Richtungen findet sich in Haselbach: Tanzerziehung, Seite 67.)

Lernziel

Beobachtung, Erprobung und bewußte Verwendung von geraden und kurvigen Raumwegen in allen Grundformen der Bewegung.

Materialien

Große Papierbögen, dicke Filzstifte oder Ölkreiden usw. Biegbarer Blumendraht, Stäbe, Reifen.

Einstieg

☐ Der Leiter fordert die Gruppe auf, alle geraden oder kurvigen Linien, die im Raum vorhanden sind, zu nennen.

☐ Reifen und Stäbe werden als Tastaufgabe bei geschlossenen Augen verwendet (es können auch kleine runde und gerade Objekte verwendet werden).

☐ Jeder Teilnehmer hat ein Stück Draht und biegt ihn nach seinen Vorstellungen. Was kommt dabei heraus? Ergebnisse werden verglichen und auf die Grundelemente „gerade" oder „kurvig" zurückgeführt.

□ Stäbe und Reifen helfen, gerade oder runde Körperlinien herzustellen; z. B.: Wie kann ein Reifen mit dem Körper oder einzelnen Körperteilen umschlossen werden? Der Körper soll gerade wie ein Stab werden. (Einzelaufgabe)

□ Kleingruppen bauen mit Stäben, die an einem oder beiden Enden gehalten werden, eine Art „Plastik". Dies kann ebensogut mit den Reifen geschehen. Die Körper sollen sich dabei dem Gerät weitgehend anpassen, also runde Haltungen und Bewegungen bei den Reifen, geradlinige bei den Stäben. (Gruppenaufgabe)

□ Dieselbe Aufgabe erfolgt nun ohne Objekte, trotzdem soll einmal eine Gruppenskulptur aus geraden, das andere Mal aus runden Linien entstehen. Die „Skulpturen" können vorher graphisch entworfen oder nachher aufgezeichnet werden. (Gruppenaufgabe)

□ Jeder einzelne sucht zwei imaginäre Punkte im Raum (in Reichweite seines Körpers), diese sollen nun durch eine geradlinige Körperhaltung oder eine geradlinige Bewegung miteinander verbunden werden. Diese Aufgabe kann mit immer neuen Möglichkeiten versucht werden (siehe Körperbewußtsein: Führung verschiedener Teile des Körpers).
Variation: Kurvige Linien oder Haltungen werden verwendet. (Einzelaufgabe)

□ Kleingruppen haben verschiedene Kreise gebildet.
In jeder Gruppe beginnt ein Teilnehmer, Linien in die Luft zu „zeichnen", dabei können Armgesten, aber auch Führungen durch andere Teile des Körpers entstehen. Die Linie wird nach einiger Zeit zum Nachbarn geführt, von ihm aufgenommen und weitergegeben. Die Aufgabe kann geradlinig oder kurvig, später auch von Person zu Person im Wechsel der beiden Möglichkeiten erfolgen. (Gruppenaufgabe)

□ Die Aufgabe kann variiert werden, wenn die Gruppenmitglieder nicht mehr im Kreis, sondern weiter voneinander entfernt im Raum stehen. Die Armgestik (das „Zeichnen") muß so mit Lokomotion verbunden werden. (Gruppenaufgabe)

Bemerkungen
Bei der Reflexion sollte darüber gesprochen werden, welche Linien häufig in der Architektur, der Landschaft, im modernen Design, bei Gesteinsformationen, im Wasser usw. vorkommen. Vielleicht kann auch eine Erklärung gesucht werden, warum dies so ist. In jedem Fall sollen diese Improvisationsaufgaben einen Transfer erfahren.

Richtungen

Einführung
Der Mensch verwendet die sechs einfachen Raumrichtungen (nämlich vor — rück, hoch — tief, rechts — links) unterschiedlich häufig. Daher ist die Bewegungserfahrung in Richtungen, die etwas weniger gebräuchlich oder bequem sind, im allgemeinen sehr viel geringer. Vorwärts, rechts und links werden auch in der Alltagsbewegung immer wieder verwendet und geschult; rückwärts, hoch und tief werden eher vermieden oder unsicher verwendet.

Lernziel
Erfahrung aller Raumrichtungen, bewußte Ausführung einer oder mehrerer Richtungen gleichzeitig.

Materialien
Stäbe.

Einstieg
□ Der Leiter hält einen Stab in drei verschiedene Achsen, entsprechend den Raumkoordinaten (also hoch — tief, vor — rück und rechts — links), und läßt die Richtungen von den Teilnehmern benennen. Durch dieses Beispiel wird auch klar, daß zwei Richtungen sich jeweils als Gegenbewegung einer Raumachse verstehen lassen.

□ Ein Teilnehmer geht im Raum, einzelne Gruppenmitglieder rufen ihm zu, welcher Teil seines Körpers führen soll (Nase, rechtes oder linkes Ohr, Hinterkopf usw.).

Aufgaben
□ Kontrast zwischen Körper- und Raumrichtung.
Der Leiter oder ein Teilnehmer ruft verschiedene Richtungen, jeder einzelne versucht, die genannte Richtung in der Bewegung anzusteuern (Lokomotion oder Gesten für vor — rück — rechts — links, Sprung für hoch, Fall für tief).

□ Die gleiche Aufgabe wird nun aus der Rückenlage (auch Bauch- oder Seitenlage, Sitz usw.) versucht. Dabei stellt sich heraus, daß Körperrichtung und Raumrichtung keineswegs immer übereinstimmen.

□ Improvisation mit Objekt.
Zwei Partner haben miteinander einen Stab, dieser kann wechselweise von einem oder auch beiden gehalten werden. Es soll versucht werden, die Bewegung oder auch die kurzfristige Haltung immer der Richtung des Stabes anzupassen. Die Improvisation kann mit unterschiedlichem Tempo und dynamischem Wechsel erfolgen und jeweils beide Richtungen der Stabachse berücksichtigen. (Partneraufgabe)

□ Aus drei Richtungen (z. B. vor, rück und hoch) soll ein Motiv entwickelt werden (z. B. vorlaufen mit plötzlichem Abstoppen, Armgeste nach rückwärts, gestreckter Sprung hoch). Aus Einzelmotiven sollen Paare oder Dreiergruppen durch gleichzeitige oder aufeinanderfolgende — auch kanonische — Bewegung eine gemeinsame tänzerische Sequenz entwickeln. Zeigen der unterschiedlichen Gruppenlösungen. (Einzel- und Gruppenaufgabe)

Reifen: Mit Hilfe der Reifen wird versucht, kreisförmige Linien im Körper darzustellen, die später ohne Gerät in sagittaler, horizontaler oder frontaler Ebene ausgeführt werden.

54

Stäbe: Gerade Linien im Körper können durch Stäbe erfahren, kontrolliert oder verstärkt werden.
Eine Diagonalstruktur wird mit Hilfe von Stäben verdeutlicht.

Linke Seite — Raumrichtungen:
Räumliche Gegenbewegung als Partner-
improvisation. Die Vertikale wird durch
Hochtief-Bewegung des ganzen Körpers,
die Horizontale durch Öffnen und
Schließen der Arme erreicht.

Richtungen: In einer engen Gruppierung
sollen die Richtungen rück, vor und hoch
dargestellt werden. Hier geschieht dies
vor allem durch die Blickrichtung.

Linke Seite: „Vertikal und diagonal".
Das als Thema gegebene Armmotiv wird
variiert. Eine neue Aufgabe, die sehr
bewußte Bewegung und differenziertes
Körpergefühl voraussetzt. In einer Ausführung im Quartett ergeben sich wie
von selbst choreographische Aspekte.

Spiegelbildimprovisation zwischen Solist
und Gruppe zum Thema „hoch — mittel
— tief". Die Gruppe übernimmt simultan
die Bewegungen des Solisten. Dieser ist
durch klar dargebotenes Bewegungsmaterial und sorgfältige Beobachtung
der Reaktion seiner Mitspieler für das
Gelingen verantwortlich.

Raumebenen (hoch, mittel, tief) — „levels"

Einführung
Rudolf von Laban hat zwischen Hoch-, Mittel- und Tieftänzern unterschieden. In der Terminologie des Modern dance heißen diese Raumebenen (im Unterschied zu Körperebenen) „levels". Man versteht darunter nicht nur die objektive Höhe im Raum, sondern auch ein bestimmtes Körperverhalten.

Lernziel
Anpassung des Körpers in Haltung und Bewegung an unterschiedliche Höhenzonen.

Materialien
Nach Möglichkeit eine große Plastikfolie. Instrumente.

Einstieg
Provokation durch Raumgegebenheit. Begrenzung des Raumes nach oben durch eine am Boden ausgebreitete Plastikfolie.

Aufgaben
- [ ] Alle Teilnehmer sollen versuchen, unter der Folie von einem Ende ans andere zu kommen. Am Ende werden die Bewegungsvarianten gezeigt und gesammelt: kriechen, robben, am Boden rutschen, auf allen vieren gehen, tief gebückt schleichen usw. (Gruppenaufgabe)
- [ ] Die Plastikfolie wird von vier oder mehr Personen (eventuell auf Stühlen oder Podesten stehend) hoch über die Köpfe der Improvisierenden gehalten. Sie sollen nun möglichst oft die Folie über ihren Köpfen berühren. Auch hier wird nach der Aufgabenlösung das Bewegungsmaterial verglichen und beschrieben: springen, sich recken, auf den Fußballen gehen, hüpfen, greifen, nach oben schnellen oder federn usw. (Gruppenaufgabe)
- [ ] Nachdem die hohe und die tiefe Zone auf diese Weise grob erprobt worden sind, sollen Charakteristik der Haltung und Fortbewegung in jeder der drei Zonen beschrieben werden. Tief: auf oder wenig über dem Boden, Schwerpunkt sehr tief, Bodenlage oder gebeugte Knie- und Hüftgelenke, Rumpf und Blick häufig nach unten gerichtet. Mittelnormale Aufrichtung: Schwerpunkt in seiner ursprünglichen Lage, Blick frei beweglich nach allen Seiten. Hoch: erhobener Schwerpunkt, nach oben gestreckter Körper, Gewicht oft auf den Fußballen, Blick häufig ebenfalls nach oben gerichtet. Eventuell zusätzliche „Elevation" durch Sprung. (Einzelaufgabe)
- [ ] Improvisation als Reaktion auf musikalische Begleitung. Der Leiter begleitet auf drei verschiedenen Instrumenten, z. B. tiefe Konga, Bongos und Holzblocktrommel. Es wird zu Anfang vereinbart, welches Instrument welche Ebene symbolisiert. Die Improvi-sation ist nur an die einzige Spielregel gebunden, sich an die jeweils akustisch angespielte Ebene zu halten. Im großen und ganzen werden dabei jeweils die Bewegungen verwendet werden, die in den ersten Beispielen gesammelt worden sind. (Einzelaufgabe)
- [ ] Daraus wird eine Gruppenaufgabe abgeleitet. Drei Gruppen bilden sich, jede einzelne wird von einem eigenen Begleiter unterstützt, und zwar mit drei unterschiedlichen Tonhöhen eines Instrumententyps, z. B. drei unterschiedlichen Trommeln, drei Holzblocktrommeln und drei Becken. Jede Gruppe wechselt je nach ihrer Begleitung zwischen den drei Ebenen. Durch die Gleichzeitigkeit entstehen oft drei verschiedene Ebenen zur selben Zeit.

Bemerkung
Der Leiter muß durch seine Beobachtung und die daraus entstehende Aufgabenstellung dafür sorgen, daß es nicht zu Klischeelösungen kommt.

Körperebenen (horizontal, frontal, sagittal)

Einführung
Zur Verdeutlichung dieses Themas soll wieder eine Beschreibung von Laban herangezogen werden. Die Frontalebene (von lat. frons = Stirn) bezeichnet er auch als „Türebene", also die Ebene oder Fläche, die wie eine Tür die Richtungen hoch — tief und rechts — links einschließt. Die Horizontalebene nennt er „Tischebene", sie umfaßt die Richtungen rechts — links und vor — rück. Die Sagittalebene heißt „Radebene" und beinhaltet die Richtungen hoch — tief und vor — rück.

Lernziel
Erfahrung und Bewußtwerdung einer neuen Raumdifferenzierung, Anwendung dieses Prinzips in möglichst vielseitiger Bewegungsausführung.

Materialien
Eine oder mehrere große Kartonflächen. Falls nicht vorhanden, können auch Flächen im Raum dafür verwendet werden.

Einstieg
Der Leiter demonstriert mit Hilfe einer Kartonfläche die Ebenen (bei Anfängern jeweils nur eine) und erklärt den entsprechenden Namen.

Aufgaben
- [ ] Horizontalebene. Die Teilnehmer verwenden die Kartonflächen oder stellen sich vor Wände oder Türen. Zuerst sollen sie mit verschiedenen Teilen des Körpers mit der Fläche vor ihnen in Berührung kommen, d. h. mit Händen abtasten, mit Unterarmen entlangfahren,

Raumebenen: Fortbewegung in der
tiefen Raumebene und erste Versuche,
durch Sprünge eine möglichst hohe zu
erreichen. Die Begleitung unterstützt
durch verschiedene Tonhöhen.

mit dem Kopf Kreise oder Kurven zeichnen, Gesten der
Beine durch die Wand eine Begrenzung und präzise
frontale Ausrichtung erfahren lassen, mit dem Rücken
hin und her oder hoch und tief gleiten usw. (Einzelaufgabe)

☐ Sagittale oder Radebene. Eine gestische Bewegung soll
bis zur Fortbewegung gesteigert werden (z. B. eine
kreisende Armbewegung wird vergrößert und führt
schließlich zum Vorwärtslaufen). (Einzelaufgabe)

☐ Kreismotiv (oder Achtermotiv) soll durch alle drei
Ebenen variiert werden. Diese Kreise können gestisch
sein (mit den Armen, aber auch mit Beinen oder Kopf
ausgeführt werden) oder Lokomotion beinhalten.
Zum Beispiel münden Kreise mit acht Schritten in
sagittale Armkreise und werden in eine geschwungene
frontale Kopfbewegung übergeführt. (Einzelaufgabe)

☐ Erarbeitung der drei Körperebenen mit Vorstellungshilfen: Wie bewegt man sich zwischen zwei Glas-
scheiben? Eine befindet sich hinter und eine vor dem
Körper. So werden Frontalbewegungen suggeriert.
Es kommen nur seitliche oder Hoch-tief-Bewegungen
in Frage. Die Glaswände können auch seitlich vom
Körper gedacht werden, so daß bei möglichen Hoch-tief-
und Vor-rück-Bewegungen die Sagittale intensiv
exploriert werden kann. (Einzelaufgabe)

☐ Am schwierigsten ist die Horizontale zu erfahren.
Die Vorstellung muß bestimmte „Querschichten" des
Körpers ansprechen. Arme und Hände sollen z. B. nur
auf der Ebene der Schulterhöhe bewegt werden, als
ob hier eine Wolkenbank, Armlehnen o. ä. wären.
(Einzelaufgabe)

Bemerkungen
Dieses Thema ist für Kinder nicht besonders geeignet,
da die Aufgabenstellung für sie meist zu abstrakt und
theoretisch ist. Sollen Einzelaufgaben verwendet werden,
so sind sie unbedingt mit Objekten oder Hilfsvorstellungen
zu verbinden.

Raumdimension

Einführung
Darunter ist die räumliche Ausdehnung einer Bewegung
in Höhe und Weite zu verstehen. Man könnte das Thema
also auch „weit — eng und groß — klein" bezeichnen.

Lernziel
Erfahren und Bewußtwerden der unterschiedlichen Aus-
maße ein und derselben Bewegung und ihrer Bedeutung für
Ausdruck und Form.

Materialien
Wenn nötig: Hilfsmittel, z. B. ein aufzublasender Luftballon,
kleine Objekte oder Kreide, um Schrittgrößen zu markieren.

Einstieg
Ein Luftballon wird beim Aufblasen beobachtet: Wie
verändert er seine Form von klein zu groß? Kann auch der
Körper sich ganz klein oder sehr groß machen? Für Kinder
geeignet.
Der Leiter zeigt eine kleine Geste und fordert die Teilnehmer auf, sie zu vergrößern.

Aufgaben
☐ Dimensionsunterschiede der Körpergestalt.
  Wie kann sich eine kleine, enge Form des Körpers in
  eine große, weite verwandeln? Beispiele: Faust —
  gestreckte Hand mit gespreizten Fingern; eng zusam-
  mengekauerte Hockstellung wächst zu Streckstellung
  mit gespreizten Beinen und Armen. (Einzelaufgabe)

☐ Zwei Partner versuchen kontrastierende Körperformen
  zu finden. Beispiel: A zeigt eine enge, schmale,
  geschlossene Gestalt; B verändert sie in eine weit
  geöffnete. (Partneraufgabe)

☐ Vergrößerung eines Schrittmotivs.
  Jeder einzelne erfindet ein einfaches Schrittmotiv
  (z. B. Anstellschritte im Richtungswechsel), dieses soll
  nun immer größer ausgeführt werden, bis die Schritte
  gesprungen werden. (Einzelaufgabe)

☐ Eine kleine Gruppe bildet einen Kreis und findet eine
  Vor-rück-Bewegung mit Schritten und unterstützenden
  Armgesten. Die Dimension der Bewegung soll nach
  allen Richtungen vergrößert werden, dabei soll die Zahl
  der Schritte aber gleichbleiben. (Gruppenaufgabe)

☐ Vier Personen versuchen ein vom Leiter oder einem
  Teilnehmer gegebenes Motiv (bestehend aus einer
  Kombination von Grundformen) zu verkleinern und zu
  vergrößern. Dabei kann in verschiedenen Stufen
  gearbeitet werden, der erste verändert nur wenig, der
  zweite mehr usw. (Gruppenaufgabe)

☐ Die Gruppe steht im großen Kreis und versucht die
  Schritte in Kreisrichtung (zuerst nur in der Vorwärts-
  bewegung) konstant zu vergrößern. Das Tempo soll
  jedoch beibehalten werden und kann durch Begleitung
  des Leiters fixiert werden. Ist das Maximum an Ausdehnung erreicht (in diesem Falle Laufsprünge), so
  wird die Dimension wieder verringert. Dabei soll einmal jeder seine Bewegung an die der Gruppe anpassen,
  ein andermal jedoch sein persönliches Leistungs-
  maximum erreichen. (Einzelaufgabe mit Gruppen-
  anpassung)

Parallel- und Gegenbewegung

Lernziel

Erkennen und bewußte Ausführung von paralleler Bewegung oder solcher in entgegengesetzter Richtung, sowohl im eigenen Körper als auch mit einem Partner.

Materialien

Großes Papier und Schreib- (bzw. Mal-)Utensilien, Stäbe oder Bänder, um die Distanz beizubehalten.

Einstieg

☐ Der Leiter zeichnet auf das Papier möglichst groß parallele Linien (geradlinig und kurvig). Was fällt auf?

☐ Wie bewegen sich Scheibenwischer? Was bedeutet parallel?

Aufgaben

☐ Jeder versucht für sich, zwei gleiche Gliedmaßen seines Körpers parallel zu bewegen. Dafür kommen nur die Extremitäten in Frage (Hände, Ellbogen, Fingerspitzen, Fersen, Knie usw.).

☐ Wenn bei Kindern der gleiche Abstand nicht beibehalten werden kann, sind zwischen den die Bewegung führenden Körperteilen eingeklemmte Stäbchen eine Hilfe, die Entfernung konstant zu halten.

☐ Die sich parallel bewegenden Körperteile sollen dabei möglichst alle Richtungen benützen, bis zum Boden hinunter und so hoch wie möglich hinauf, auch weit zur Seite. (Einzelaufgaben)

☐ Zwei Partner versuchen jeweils nur mit ihren rechten Armen parallele Raumwege in die Luft zu zeichnen; auch hierbei sind immer neue Formen und Richtungen, geradlinige oder kurvige Figuren zu versuchen.

☐ Wie kann man sich mit den Füßen parallel fortbewegen? Zum Beispiel durch kleine Sprünge, durch Verschieben usw. (Einzelaufgabe)

☐ Zwei Partner versuchen parallele Raumwege (wie die Gleise eines Zugs). Nach einiger Zeit geht jeder wohin er will, um dann wieder in eine gemeinsame, parallele Bewegung zurückzufinden. (Partneraufgabe)

☐ Eine größere Gruppe versucht zuerst am Platz eine Parallelbewegung (z. B. gemeinsames Zusammensinken und wieder Aufrichten, Armbewegungen usw.), dann entsteht eine Gegenbewegung (z. B.: Eine Hälfte der Gruppe streckt sich nach oben, die andere sinkt nach unten). Die gleiche Aufgabe kann auch in Lokomotion versucht werden.

Raumdimension und Raumgestaltung:
Aus Plastilin werden unterschiedliche Raumformen gebildet (Fläche, Kugel, Schraube, Stab) und dann mit dem ganzen Körper dargestellt.

Symmetrie — Asymmetrie

Einführung

Viele Erscheinungen in Natur, Kunst und Technik sind symmetrisch (Wirbelsäule, Kristalle, Bauwerke, Maschinen). Auch für das traditionelle ästhetische Bewußtsein spielt Symmetrie eine Rolle. Asymmetrische Anordnungen gelten im allgemeinen als unübersichtlich, verworren, ja chaotisch. In der Improvisation kann deutlich gemacht werden, daß asymmetrische Formen durchaus mit Absicht und Bewußtsein verwendet werden.

Lernziel

Unterscheidung von symmetrischen und asymmetrischen Bewegungen, Raumwegen und Formen. Ausführung mit dem eigenen Körper und gemeinsam mit anderen.

Materialien

Fotomaterial von symmetrischen oder asymmetrischen Beispielen. Papier und Malstifte, Tinte.

Einstieg

☐ Gemeinsam wird ein Klecksspiegelbild „à la Rorschach-Test" gemacht; ein Blatt wird in der Mitte geknickt, auf eine Seite Tinte getropft, die andere drüber geklappt und mit den Fingern ein wenig darauf herumgewischt. Beim Öffnen entsteht das schönste Symmetriebild.

☐ Betrachten des Fotomaterials, kurzes Gespräch über Charakteristika.

Aufgaben

☐ Die Wirbelsäule soll als Symmetrieachse empfunden werden. Alles, was auf der rechten Seite geschieht, passiert spiegelbildlich auch auf der linken. In verschiedenen Positionen (Liegen, Sitzen, Knien, Stehen). (Einzelaufgabe)

☐ Vorstellungshilfe Schmiedeeisengitter oder Lebensbaummotiv in der Volkskunst. Ein gestisches Motiv soll aus einem ganz engen Anfang am Boden entstehen, d. h., die Hände liegen zu Beginn nebeneinander auf dem Boden und öffnen und schließen sich in aufsteigend wachsenden Linien. (Einzelaufgabe)

☐ Zwei Partner stehen nebeneinander, zwischen rechter Schulter von A und linker von B soll die Achse verlaufen. Zuerst soll ein symmetrisches „Bodenmuster" gefunden werden (auseinander — zueinander, gleichzeitige Außen- oder Innendrehung). Nach einiger Zeit wird ein „Luftmuster" versucht, also ein gestisches Motiv.
Der Wechsel von gestischem und lokomotorischem Motiv oder „floor pattern" und „air pattern", wie sie in der Modern-dance-Terminologie heißt, kann zu einer ausgedehnten, sich ständig verändernden Improvisation führen. (Partneraufgabe)

Parallelbewegung: Mit der Vorstellungshilfe eines Scheibenwischers wurde den Kindern der Begriff verdeutlicht. Parallele Wege werden an der Tafel gezeichnet, dann in einem gestischen Motiv zu zweit dargestellt.

Symmetrie: Ohne erkennbare Führung soll sich die Bewegung der beiden Improvisierenden symmetrisch um eine imaginäre Achse entfalten.

- [ ] Eine Gruppe von sechs Personen überlegt sich eine symmetrische Aufstellung, die Hälfte auf der einen Seite der imaginären Achse bewegt sich symmetrisch zu den Partnern auf der anderen Seite. Es bewegen sich also drei Paare symmetrisch und versuchen dabei, die gemeinsame Gruppenraumform zu beobachten. (Gruppenaufgabe)
- [ ] Jeder einzelne versucht, die Bewegungen seiner rechten Körperhälfte unabhängig und asymmetrisch zu denen der linken Seite zu machen (z. B. rechts langsame Hoch-tief-Gesten, links weit ausholende Rechts-links-Bewegungen).
- [ ] Ein Paar entwirft auf dem Papier ein asymmetrisches, einfaches Motiv, dieses wird in Lokomotion und in Gestik realisiert. (Gruppenaufgabe)
- [ ] Eine Gruppe (möglichst eine ungerade Zahl von Mitgliedern) versucht eine asymmetrische Aufstellung, also eine ohne Symmetrieachse oder Mittellinie, führt ein kleines gemeinsames Motiv aus, das vorher untereinander abgesprochen wurde, und sucht sich eine neue — wieder asymmetrische — Aufstellung. (Gruppenaufgabe)

**Raummotive am Boden oder in der Luft:
Floor patterns und Air patterns**

Einführung

Diese Motive oder Muster sind einfache und übersichtliche kleine Formen, die für sich selbst stehen können (Quadrat, Acht, Spirale, Wellenlinie usw.) oder Teil einer größeren Form sind. Diese „Zeichnungen" können geometrisch, symmetrisch oder zufällig sein, sie sollten aber immer eine klare Form haben. Die Bezeichnung in der Modern-dance-Terminologie heißt „Air pattern" und „Floor pattern".

Lernziel

Erkennen von diesen flüchtigen Formen als Raumweg oder Form der gestischen Bewegung in der Luft. Übertragen eines Motivs vom Boden in die Luft und umgekehrt.

Materialien

Papier und Malutensilien, Abbildungen einfacher visueller Motive.

Einstieg

- [ ] Ein gestisches oder lokomotorisches Motiv, das aus einer der letzten Unterrichtsstunden bekannt ist, wird wiederaufgenommen und vom Leiter oder von einigen Teilnehmern ausgeführt. Wie könnte es graphisch dargestellt werden? Und wie in die andere „basic body activity" übertragen werden?
- [ ] Betrachten von Anschauungsmaterial; eventuell Vergrößern des Motivs auf ein am Boden liegendes (als Ausgangspunkt für Lokomotion) oder an die Wand zu hängendes Papier (für Gestik).

Aufgaben

- [ ] Ein Kreis soll einmal als Floor pattern, dann als Air pattern dargestellt und variiert werden. (Einzelaufgabe)
- [ ] Zwei Partner übernehmen beide Möglichkeiten. A führt ein klar erkennbares Floor pattern aus, B überträgt es in ein Air pattern. Rollentausch. Selbstverständlich kann jede Form mit verschiedenen Teilen des Körpers und in jedem Tempo ausgeführt werden.

Bemerkung

Weitere Beispiele siehe V, Ornamente, Seite 103 f.

II. Spielzeug, Objekte und Geräte als Improvisations-anregung

Improvisationen brauchen gewisse Spielregeln und Anregungen. Diese können unter anderem auch von Form, Funktion und Beweglichkeit des Spielzeugs, der Objekte und Geräte übernommen werden. Aus diesen Materialien können vom Leiter oder von den Teilnehmern Inhalte für Improvisationsaufgaben abgeleitet werden. Die hier angeführten Beispiele stellen wiederum nur eine Auswahl der reichen Möglichkeiten dar und sollten ergänzt werden. Allgemeine Lernziele sind:
Erfahrung der charakteristischen Eigenschaften und Gesetzmäßigkeiten der Gegenstände; der Versuch, sie zu bewegen oder sich ihren Bewegungen anzupassen, aber auch, sie in einer verfremdeten Weise phantasievoll zu verwenden, und zwar sowohl als Eigenaktivität als auch in der Kommunikation mit anderen.

1. Spielzeug

Kaleidoskop

Lernziel
Visuelle Sensibilisierung, Nachgestalten von symmetrischen Formen, Flexibilität in der ständigen Veränderung von Formationen und Bewegungen, Anpassung an Partner und Kleingruppen.

Materialien
Verschiedene Formen von Kaleidoskopen (z. B. Schüttelkaleidoskop, bei dem durch Drehen oder Schütteln kleine Glasteilchen ihre Gruppierung in der Spiegelung verändern; Oktoskop, in dem das beobachtete Objekt vervielfacht und gespiegelt wird).

Einstieg
Der Leiter gibt mehrere Kaleidoskope an die Gruppe, jeder einzelne soll eigene Beobachtungen damit anstellen. Fragestellung: Ist dieser Wechsel von Formationen auch körperlich darstellbar?

Aufgaben
☐ Jeder einzelne versucht eine symmetrische Beziehung, z. B. der Hände, herzustellen, die Position einen Moment beizubehalten und in eine neue Stellung zu verändern (entspricht dem Schütteln oder Bewegen des Kaleidoskops) usw. (Einzelaufgabe)
☐ Zu zweit sollen symmetrische Formationen mit den Extremitäten, dann mit dem ganzen Körper gefunden

werden. Die Führung wechselt bei jeder neuen Position; der Partner versucht, die Form möglichst simultan aufzunehmen. Die Veränderung der Stellung kann von den beiden Partnern mit Geräuschen begleitet werden und verlangt eine zielbewußte Überleitung einer Form in die andere. (Partneraufgabe)
☐ Mehrere Teilnehmer stehen (sitzen oder knien) im Kreis. So wie sich die Teilchen im Kaleidoskop nach jedem Schütteln anders berühren, sollen sich nun jeweils andere Teile des Körpers treffen (z. B. Fingerspitzen, Ellbogen, Köpfe usw.). Die Reihenfolge kann vorher festgelegt oder während der Improvisation von einzelnen Teilnehmern angegeben werden. Das „Schütteln", also der Übergang von einer Position in eine andere, kann akustisch begleitet werden (z. B. Wirbel auf dem Becken — bei Erreichen der neuen Stellung ein ausklingender Schlag). Erschwert wird die Aufgabe durch Platzwechsel nach jeder neuen Formation. (Gruppenaufgabe)
☐ Für Fortgeschrittene reizvoll, doch ziemlich schwierig, ist eine Gruppierung von vier Paaren etwa wie bei der Grundaufstellung eines Squaretanzes. Ein Paar übernimmt in äußerster Anpassung aneinander die Leitung. Die übrigen imitieren möglichst simultan die Bewegung dessen, der wie man selbst die rechte bzw. die linke Position im Paar einnimmt. Bei jedem „Schütteln" verändert sich diese Position so, daß nun jeder mit seinem Kontrapartner ein neues Paar bildet. Auch das Führungspaar hat sich getrennt. Die Aufgabe ist sehr reizvoll und entspricht dem visuellen Eindruck eines Kaleidoskops am stärksten, doch setzt sie besonders klare Raumvorstellung und rasche Reaktion voraus. Für die Begleitung gelten ähnliche Vorschläge wie in der vorherigen Aufgabe. (Gruppenaufgabe)

Bemerkungen
Der Schwerpunkt dieses Themas liegt auf koordinierten Gruppierungsformen und -wechseln. Dabei ist jedoch auch der Übergang von Position zu Position von Bedeutung.

„Joupi"

Einführung
Joupi nennt sich eine kleine Holzfigur, deren Körperteile durch Gummischnüre miteinander verbunden und somit veränderbar sind. Das Holzmännchen kann die vielseitigsten Stellungen und Verrenkungen durchführen. (Zu kaufen ist diese Figur im Spielwarengeschäft.)

- [ ] Nun erfinden einzelne Gruppenmitglieder joupiähnliche Haltungen, die dann mit der Joupi-Figur nachvollzogen werden. (Einzelaufgabe)
- [ ] Ein Teilnehmer zeigt seinem Partner drei von ihm erfundene Positionen (auf die Spielzeugvorlage wird nun bereits verzichtet), der Partner versucht, sie zuerst zu imitieren und sie sich zu merken. Dann sollen die Positionen durch sinnvolle Übergänge miteinander verbunden werden. Das Thema kann je nach Können der Improvisierenden ausgebaut werden. Die Durchgangsbewegungen können sehr schnell, nur gestisch, auf direktestem Weg oder mit vielen Verzierungen durchgeführt werden.
Beide Partner führen zwar dieselben Positionen, aber sehr verschiedene Übergänge aus.

Bemerkung
Das Thema eignet sich, mit Ausnahme der letzten Aufgabe, besonders gut zur Improvisation mit Kindern zwischen 4 und 7 Jahren.

Kreisel

Lernziel
Beobachten des Objekts und Nachvollziehen der Bewegung, kontrolliert ritardierende Bewegung (siehe Zeiterfahrung durch Bewegung).

Materialien
Kreisel verschiedener Größe und Beschaffenheit.

Einstieg
Das Material sollte bereits vor Stundenbeginn, quasi als Provokation, bereitgestellt werden, die Teilnehmer werden im allgemeinen von selbst damit spielen.

Aufgaben
- [ ] Alle versuchen für sich eine Kreiselbewegung, werden langsamer und fallen um. (Einzelaufgabe)
- [ ] Bei genauer Beobachtung mehrerer Kreisel fällt auf, daß sich manche Kreisel am Platz, andere in der Fortbewegung drehen. Neuerliche Versuche bemühen sich um Drehen in der Lokomotion.
- [ ] In welchen verschiedenen Positionen kann man sich drehen (im Knien, Hocksitz, im Stehen mit fixierten oder durch die Fliehkraft bewegten Armen usw.)? (Einzelaufgabe)
- [ ] Eine kleine Gruppe stellt verschiedene Kreisel dar (unterschiedliche Haltung, Tempovarianten usw.). (Gruppenaufgabe)

Bemerkung
Auch dieses Thema eignet sich besonders für Kinder.

Puzzlespiel

Lernziel
Identifizieren und nach Möglichkeit Nachvollziehen von Körperstellungen.

Materialien
Eine oder mehrere Figuren dieser oder ähnlicher Art. Auch Marionetten können verwendet werden. Voraussetzung ist ihre Beweglichkeit.

Einstieg
Die Figuren stehen bereit, die Teilnehmer beschäftigen sich und spielen damit. Wenn die Gruppe nicht von selbst auf die Idee kommt, fragt der Leiter, wer den Joupi wohl nachmachen kann.

Aufgaben
- [ ] Der Leiter oder ein Teilnehmer läßt den Joupi eine bestimmte Position einnehmen, die von jedem nachgemacht werden soll.

Lernziel
Visuelle Konzentration und Sensibilisierung, Darstellung von Formen, Anpassung an die Gruppe.

Materialien
Einfache, großformatige Puzzles, möglichst ohne inhaltliche Darstellung, z. B. „Hexagon".

Einstieg
Die Puzzlesteine werden verteilt und sollen wieder zusammengesetzt werden. Diejenigen Teilnehmer, die keinen Stein bekommen konnten, helfen den anderen. Besprechung des Prinzips und seiner Übertragungsmöglichkeit auf die Bewegung.

Aufgaben
- [ ] Zunächst werden von Paaren Händepuzzles versucht. Eine Hand wird in einer bestimmten Form vorgestellt, die zweite paßt sich dieser an. (Partneraufgabe)
- [ ] Als nächstes wird von drei bis vier Teilnehmern ein Puzzle in einer möglichst tiefen Ebene (im Knien, Sitzen oder Liegen) konstruiert. Jeder muß die Form seines Vorgängers genau beobachten, bevor er seinen Körper in einer ergänzenden Stellung hinzufügt. Berührungen sollen vermieden werden. (Gruppenaufgabe)
- [ ] Alle Teilnehmer stehen in einem weiten Kreis. Einer baut im leeren Zentrum mit seinem ganzen Körper den ersten Puzzlestein auf, der nächste fügt einen ergänzenden zweiten hinzu usw. Die Reihenfolge bleibt frei, es können auch mehrere Anbauten an verschiedenen Seiten gleichzeitig erfolgen. Ist die ganze Form gebaut, das Puzzle also wieder vollständig, so könnte die Auf-

lösung als Kettenreaktion an einer Seite beginnen. Das Spiel kann mehrmals hintereinander durchgeführt werden, allerdings sollte die Ausführung zwischendurch besprochen werden. Bei mehrmaliger Wiederholung geht die Beobachtung immer schneller, d. h., das Tempo der Ausführung kann gesteigert werden. (Gruppenaufgabe)

Luftballons

Einführung
Luftballons sind ein sehr vielseitig verwendbares Material und wurden auch im ersten Teil bereits mehrfach verwendet.

Lernziel
Beobachtung des Objekts, Konzentration auf einzelne Berührungspunkte, Reaktionen.

Materialien
Mehrere Luftballons ohne Bemalung (die einfachen Formen eignen sich am besten); möglichst für jeden Teilnehmer einen eigenen.

Einstieg
Freies Spiel mit den Objekten.

Aufgaben
- [ ] Der Luftballon soll entweder immer nur am Boden oder immer nur in der Luft bewegt werden (rollen, schieben und drücken oder hochwerfen, fangen). Dazu darf entweder nur ein Körperteil oder bei jeder Berührung ein anderer Körperteil verwendet werden. Möglichst viele und differenzierte Lösungen sollen gefunden werden. (Einzelaufgabe)
- [ ] Eine kleine Gruppe spielt mit einem Ballon, er darf grundsätzlich den Boden nicht berühren. Die Anstöße können entweder mit „Körperecken" oder mit „Körperflächen" erfolgen. (Gruppenaufgabe)
- [ ] Das Objekt wird nur noch als Vorstellungshilfe verwendet, die Gruppe spielt in Zeitlupe oder im Zeitraffer. Die Spielregel kann erschwert werden: Jeder darf erst zum zweitenmal agieren, wenn alle anderen bereits dran waren. (Gruppenaufgabe)
- [ ] Das imaginäre Ballspiel wird so ausgeführt, daß sich niemand in Ruhe befindet, die Bewegungen werden beobachtet und mit dem ganzen Körper begleitet. (Gruppenaufgabe)
- [ ] Wechsel von Legatoführungen und Stakkatostößen im Paar oder in der Gruppe. (Paar- oder Gruppenaufgabe)

2. Objekte

Plastikschläuche

Einführung
Plastikschläuche dienen normalerweise als Baumaterial (elektrische Leitungen werden darin geführt). Mitunter findet man sie auch in Spielwarenabteilungen von Kaufhäusern unter dem Namen „Heuler", sie sind durch eine quergerippte Struktur gekennzeichnet.

Lernziel
Exploration der akustischen und bewegungsmäßigen Verwendungsmöglichkeiten der Objekte. Vorbildlose Anwendung als Requisiten, Geräuschobjekte, Verbindungsglieder usw.

Einstieg
Freies, exploratorisches Spiel mit den Objekten.

Aufgaben
- [ ] Welche Geräusche können damit erzeugt werden? Akustisch-motorisches Gespräch zwischen zwei Partnern. (Einzel- und Gruppenaufgabe)
- [ ] Welche Bewegungen sind mit dem Objekt möglich, wie kann es selbst vielfältig bewegt werden? (Einzelaufgaben)
- [ ] Eine Gruppe soll zwei konträre Motive finden und daraus eine kleine Form entwickeln. (Gruppenaufgabe)
- [ ] Aus mehreren Schläuchen soll ein Gebilde entstehen, das sich mit den Objektträgern unterschiedlich fortbewegen kann. Was könnte mit diesen Gebilden gemeint sein? (Gruppenaufgabe)

Zeitungen

Lernziel
Entfremdung eines Objekts. Provokation an die Phantasie, da das Material in allen Varianten, außer der im Alltag üblichen, zu verwenden ist.

Materialien
Ausreichend viele alte Zeitungen, so daß für jeden Teilnehmer mehrere Seiten zur Verfügung stehen.

Einstieg
Provokation durch das Material. Die Zeitungen liegen auf einem oder mehreren Stößen in der Mitte des Raums.

Alle Kinder versuchen den Brummkreisel zu imitieren, sie drehen auf verschiedenen Ebenen und in unterschiedlichen Positionen.

Linke Seite
„Joupi“: Verschiedene Positionen des
Joupi werden ausprobiert. In Dreiergruppen werden unterschiedliche Aufgaben gestellt: Der erste zeigt und richtet
die Figur, der zweite versucht, die
Haltung nachzuvollziehen, der dritte ist
der Schiedsrichter und vergleicht Vorbild
mit Imitation.

Luftballons: Der Luftballon soll mit
Kinn, Ellbogen, Schulter oder anderen
„Ecken“ des Körpers in die Luft
gestoßen werden.

Wie kann man den Ballon sanft über
den Boden schieben?

Improvisation mit Plastikschläuchen: Das Objekt wird von einzelnen oder Paaren erprobt; dabei werden Geräuschmöglichkeiten durch Blasen, Reiben und Schlagen entdeckt. Als Gruppenaufgabe entsteht z. B. ein getanzter Geräuschkanon.

Was kann man mit Zeitungen machen? Werfen, tragen, sich schmücken, vor sich herschieben und schließlich mit Indianer-Zeitungsschmuck tanzen.

Papierdekoration: Eine Bühne wird aus
großen Papierbahnen gerissen oder
geschnitten, in den Ausschnitten bewegen sich nur Körperteile, hier zum
Beispiel als „Seepflanze" und „Fisch".
Zu dieser kleinen Szene wird eine
Begleitmusik improvisiert.

Aufgaben

☐ Der Leiter beobachtet die spontanen Reaktionen der Teilnehmer. Ergibt sich eine Pause, so hilft er, die Einfälle zu ordnen. Was wurde bereits mit dem Material gemacht, was könnte noch geschehen?

☐ Geräusche erzeugen (z. B. rascheln, knattern, zerreißen, zerknüllen, durch die Luft oder auf den Boden schlagen, schütteln usw.).

☐ Aus dem zusammengeknüllten Papier Formen machen und sie von einem Partner mit geschlossenen Augen abtasten lassen. (Partneraufgabe)

☐ Kostüme erfinden. Jeder einzelne versucht, das Kleidungsstück zu entwerfen, das er sich wünscht (z. B. Hüte, Kragen, Capes, Beinschmuck). Wie bewegt man sich in diesem ganz besonderen Kostüm? (Einzelaufgabe)

☐ Sich mit dem Objekt bewegen (z. B. wie ein Lasso schwingen, mit den Zehen einklemmen und so gehen, auf dem Rücken balancieren, vorwärts laufen, wobei der „Gegenwind" das Blatt an den Bauch drückt, usw.).

☐ Masken formen. Die Blätter können vor das Gesicht gehalten, über den Kopf gestülpt, zu Büscheln zusammengenommen werden oder das Gesicht verdecken usw. Kleine Gruppen erfinden (mit oder ohne Begleitung) so einen Maskentanz. (Gruppenaufgabe)

☐ Happening mit Zeitungen.
Lesen, werfen, zerreißen, schütteln, auflegen, sich anziehen, damit bauen, jemanden einhüllen, durchspringen und viele andere Möglichkeiten können sich ereignen. Die einzige Spielregel heißt: möglichst oft Kontakt mit anderen aufnehmen.

☐ Verstärkung der Bewegung.
Zeitungen in Büscheln an die Beine gebunden, reizen zu stampfenden oder federnden Schritten, auch zu Schüttelbewegungen der Beine und Füße; am Kopf befestigt, motivieren sie kreisende und schüttelnde Bewegungen; an den Armen bewirken sie eine Verlängerung und Betonung der Armbewegungen sowohl im Räumlichen als auch im Akustischen.

Bemerkungen

Das Material ist außerordentlich vielseitig zu verwenden. Aus den oben angeführten Beispielen (die nur eine Auswahl der Möglichkeiten darstellen) lassen sich Partner- und Gruppenaufgaben ableiten, wie dies bereits an anderen Objekten gezeigt wurde.

Podeste

Lernziel

Erfahrungen mit besonderen Raumsituationen, Bewältigung von Hindernissen, Beobachtung und Ausführung von nur ausschnitthaft sichtbaren Bewegungen.

Materialien

Podeste sind große Kästen oder Würfel oder über ein Holzgestell gelegte und befestigte Bretter (Bühnenpodeste). Sie müssen jedenfalls so stabil sein, daß man auch zu mehreren darauf sitzen oder sich bewegen kann.

Einstieg

Podeste ungeordnet in den Raum stellen. Wozu kann man sie verwenden?

Aufgaben

☐ Fortbewegung unter Einbeziehung der Podeste, die Art der Kontaktnahme muß bei jedem Objekt anders sein; z. B. darüber klettern, hinaufsteigen, überspringen, kriechen, darauf rutschen, sich darauf legen usw. (Einzelaufgabe)

☐ Aus den Podesten wird ein „Laufsteg" gebaut, auf dem jeder Teilnehmer im Darübergehen ein Schrittmotiv demonstriert, eine bestimmte Person darstellt, einen anderen, aus der Gegenrichtung Kommenden, auf eine besondere Weise begrüßt usw.

☐ Aus zwei oder drei Podesten werden jeweils kleine „Inseln" oder „Länder" gebaut, auf denen man eine besondere Körpersprache verwendet. Reisende wechseln von einem Reich ins andere und sollen sich mit den „Eingeborenen" in ihrer Sprache unterhalten. (Gruppenaufgabe mit Solistenrollen)

☐ Hinter einer kleinen Wand aus zwei Podesten verstecken sich zwei Spieler und lassen nur ihre Hände am oberen Rand (der Bühne) agieren. Sie können eine kleine Story erfinden oder einen Händetanz ausführen. (Partneraufgabe)

☐ Die Podeste werden so neben- oder übereinander angeordnet, daß dazwischen auch freie Räume entstehen, die als Bühnenausschnitte verwendet werden können. Die Spieler verstecken sich hinter den Wänden und agieren nur mit verschiedenen Körperteilen. (Einzel- oder Gruppenaufgabe)

Tücher

Lernziel

Durchlässigkeit in der Bewegung, sensibler Richtungswechsel, fließender Übergang von hoher, mittlerer und tiefer Ebene in der Anpassung an das Objekt. Finden von Kontrastbewegungen.

Materialien

Am besten Seidentücher oder Schals, die eine besonders weiche und fließende Bewegung ermöglichen. Pro Teilnehmer nach Möglichkeit ein Stück.

Einstieg

Tücher liegen im Raum verteilt.

Improvisation im Fenster: Für die übrigen Teilnehmer der
Gruppe, die vor der „Wand" die Szene beobachten, beeinflussen oder begleiten, wird die Konzentration auf den
gestischen Ausdruck durch die Ausschnitthaftigkeit noch
verstärkt.

Aufgaben

☐ Die Tücher werden hochgeworfen, ihre Fall- und
Gleitbewegung beobachtet. Bevor sie zu Boden sinken,
werden sie mit verschiedenen Körperteilen wieder
hochgeworfen, es stellt sich heraus, daß die Tücher sich
bei sanfter Behandlung anders, schöner entfalten, als
wenn sie wild hochgestoßen werden. (Einzelaufgabe)

☐ Zwei Partner spielen mit einem Tuch, das nicht zu
Boden fallen darf, die Bewegungen sollen sich dem
Tuch möglichst anpassen, es soll mit allen nur mög-
lichen Teilen des Körpers in Berührung kommen.
(Partneraufgabe)

☐ Ein Tuch wird auf den Boden gelegt, die Gruppe
sammelt sich rundherum. Durch Blasen soll es in die
Luft gebracht werden. Wenn es wieder heruntersinkt,
versuchen alle, die Bewegung des Objekts zu imitieren,
bis die ganze Gruppe selbst zu Boden gesunken ist.

☐ Die Tücher werden an einer Ecke gefaßt. Wie kann
man schnelle, ruckartige, peitschende Bewegungen oder
Kreise damit ausführen, eventuell in Verbindung mit
den drei Körperebenen? (Siehe Seite 59 und 61).
(Einzelaufgabe)

☐ Die Tücher werden nicht mehr als konkretes Objekt,
sondern nur noch als Vorstellungshilfe verwendet.
Jeder einzelne versucht, sich wie ein Tuch zu bewegen:
zu gleiten, hochgeweht zu werden, zu Boden zu sinken,
sich dabei zu drehen usw. (Einzelaufgabe)

Plastikfolien

Lernziel

Anpassung an das Bewegungstempo des Objekts,
Slow motion in verschiedenen Ebenen. Exploration ver-
schiedenster Möglichkeiten im Umgang mit dem Objekt,
Aufgreifen unterschiedlichster Ansätze.

Materialien

Eine oder zwei große Plastikfolien, wie sie zum Abdecken
von Möbeln verwendet werden. Das Material soll durch-
sichtig und nicht zu dick sein.

Einstieg

Das Material liegt zusammengeknüllt im Raum.

Aufgaben

☐ Das Knäuel soll geglättet und in möglichst verschiedene Formen gebracht werden. (Gruppenaufgabe)

Laufen mit Tüchern: Mit kraftvollen,
kurzen Bewegungen werden die Tücher
wie Peitschen durch die Luft geschlagen.
Das langsame Sinken der Tücher soll
vom Körper aufgenommen werden.

☐ Welche Geräusche sind damit zu erzeugen (z. B. knattern, reiben, flattern lassen)? Sind zwei Folien vorhanden, so können zwei Gruppen abwechselnd arbeiten
und sich gegenseitig beobachten.

☐ Einige Teilnehmer bewegen sich in Slow motion wie
im Wasser unter der Folie, werden von anderen abgelöst usw. Dabei sollen Bewegungen in tiefer Raumebene verwendet werden. Welchen Kontakt bekommt
man dabei mit dem Material? (Gruppenaufgabe)

☐ Gleichzeitige Bewegung über und unter der Folie.
Dadurch entsteht eine Landschaft mit Tälern und
Bergen. Der Körper soll immer soviel Berührung wie
möglich mit der Folie aufweisen. (Gruppenaufgabe)

☐ Die Plastikfolie wird an den Rändern hochgehoben und
in die Luft geworfen. Während die Glocke langsam
heruntersinkt, bewegen sich einige unter ihr, beginnen
dabei in der hohen Raumebene und werden vom Plastik
über die mittlere in die tiefe gedrückt, bis sie unter
dieser zu liegen kommen. (Gruppenaufgabe)

☐ Eine Gruppe umhüllt sich mit der Folie und schält sich
wieder heraus. Durch wechselndes Tempo kann dies
einmal den Eindruck von panischer Flucht, ein andermal den Eindruck von bewußtem Rückzug machen.
Auch das Sich-Herauslösen kann verschiedenen Ausdruck erzeugen. (Gruppenaufgabe)

Bemerkungen

Eine gewisse Vorsicht ist wegen der Luftundurchlässigkeit
des Materials geboten. Der Leiter muß unbedingt dabeisein.

Magnet

Lernziel

Anziehen und Abstoßen als Spannungsvorgänge,
Aufnehmen oder Ablehnen von Beziehungen zu anderen.

Materialien

Ein Hufeisen- oder Stabmagnet, Eisenfeilspäne und
verschiedene Eisenteile.

Einstieg

Gemeinsames Beobachten von Magnetreaktionen.

Aufgaben

☐ Jeder einzelne versteht zwei Teile seines Körpers als
magnetisch, wobei sie entweder gleiche oder verschiedene Pole sein können. So nähern sich z. B. die
Hände, bis sie entweder plötzlich durch die Anziehung
zusammenschnappen oder wegen der Abstoßung nicht
näher aneinander kommen können. (Einzelaufgabe)

☐ Zwei oder mehrere Teilnehmer bewegen sich auf einem
bestimmten Feld. Kommen sie einander nahe, so erfolgt
entweder eine Anziehung oder eine Abstoßung. Als
Varianten der Aufgabe können Fortbewegungsarten in
unterschiedlichen Ebenen, Richtungen und Tempi
vorgeschlagen werden, auch können einzelne Körperteile führen usw. (Partner- oder Gruppenaufgabe)

Plastikfolien: Ohne spezielle Aufgabe wird frei mit dem faszinierenden Material gespielt. Bei dieser Gruppe zeigen sich Einfälle, das Material vielfältig zu bewegen, Geräusche damit zu erzeugen und schließlich unter der Folie und von ihr bedeckt und eingehüllt weiter zu agieren.

Trio mit Zauberschnüren: Indem sich
die drei Spieler um eine ständige Veränderung der Schnurspannung bemühen,
ergeben sich auch dauernd neue Körper-
skulpturen und Beziehungen zueinander.

„Verwicklungen": Aus dem ursprünglichen Thema „senkrecht" und „waage-
recht" ergibt sich ein immer dichter
werdendes Gespinst bis zur totalen Ver-
wicklung.

☐ Ein Magnet bewegt sich durch die Gruppe. Deren Teilnehmer haben eine bestimmte, vorher ausgemachte Bewegung für positive oder negative Polarisierung gewählt und agieren nun in einer der beiden. Der Magnet selbst wählt z. B. die Bewegung der positiven Spannung, wird also alle Negativen anziehen, alle Positiven abstoßen. Er kann allerdings auch seine Spannung wechseln. (Gruppenaufgabe)

☐ Eine Gruppe von „Eisenfeilspänen" bewegt sich unabhängig voneinander langsam im Raum. Ein durcheilender Magnet zieht sie an sich und nötigt ihnen sein Tempo auf. Verliert der Magnet seine Spannung oder verschwindet er, so fallen die Eisenteilchen wieder auseinander und in ihr altes Tempo zurück. Der Magnet kann zudem ein bestimmtes Bewegungsmotiv verwenden. (Gruppenaufgabe mit Solisten)

Bemerkungen
Der Leiter muß sich selbst darüber im klaren sein, ob das Thema zu einer „tänzerischen Physikstunde" werden soll oder nicht. Falls er nicht über genügend gründliche Kenntnisse auf diesem Gebiet verfügt, sollte er dies der Gruppe sagen und erklären, daß nur die generelle Anregung aus der Physik stammt, sie aber zu verschiedenen Aufgaben umfunktioniert wird.

Steine

Lernziel
Taktile Sensibilisierung, Erkennen und Nachvollziehen von kurvigen, geschlossenen Formen, von Gewicht. Passivität äußeren Einwirkungen gegenüber.

Materialien
Möglichst unterschiedliche, nicht zu kleine Steine.

Einstieg
Der Leiter fordert die Teilnehmer auf, die Augen zu schließen und zu erraten, welchen Gegenstand er ihnen zum Abtasten überläßt.

Aufgaben
☐ Aus der taktilen Erfahrung sollen die Teilnehmer versuchen, die Form des Steines mit ihrem Körper nachzuformen. (Einzelaufgabe)

☐ Ein Partner versucht eine „steinartige" Körperform, der zweite bewegt ihn vom Platz (z. B. rollen, schieben).

☐ Drei — bei sehr geschickten Teilnehmern auch vier — versuchen miteinander die Form eines Steines herzustellen, der Felsbrocken kommt ins Rollen und zerbricht in einzelne Teile. (Kleingruppenaufgabe)

Bemerkung
Das Thema hat nicht sehr viele Variationsmöglichkeiten, eignet sich aber sehr gut für das Verständnis von dichten, geschlossenen Formen, die ihre Gestalt nicht verändern.

3. Geräte

Seile

Einführung
Seile werden als gymnastisches Gerät häufig zum Springen, eventuell auch zum Schwingen verwendet. Gerade hier kann eine gewisse Verfremdung eine Klischeevorstellung durchbrechen helfen.

Lernziel
Taktile und visuelle Sensibilisierung, Feinmotorik der Hände und Füße. Erkennen und Nachvollziehen von Formen, Bewußtmachung von Raumformen. Überwindung des Seils als Hindernis.

Materialien
Mehrere Sprungseile, eventuell mehrere „Zauberschnüre", das sind dünne, dehnbare Seile, die auch in verschiedenen Farben erhältlich sind und wenig kosten.

Einstieg
Die Seile liegen zur spielerischen Verwendung bereit. Treten nur die üblichen Formen des Überspringens auf, so kann der Leiter nach anderen Möglichkeiten fragen, liegen solche bereits vor, kann er sie aufnehmen und vorzeigen lassen.

Aufgaben
☐ Paare bilden sich. A schließt die Augen, B legt ein Seil zu einer bestimmten Form (z. B. Spirale, Buchstabe, Blume usw.). A soll mit den Händen oder Füßen die Form ertasten und in der Luft nachzeichnen (später eventuell auch an der Tafel oder auf großem Papier). Rollentausch. (Partneraufgabe)

☐ Die ertastete und gezeichnete Form kann in ein Floor oder Air pattern übertragen werden (siehe I, Seite 67).

☐ Jeder einzelne hat ein Seil und spielt in der Fortbewegung damit. Es soll in immer neuen Formen um, über, unter, neben, vor, hinter dem Körper bewegt werden. Bei Fortgeschrittenen kann dies auch in rascher Lokomotion erfolgen. (Einzelaufgabe)

☐ Zwei Partner spielen mit dem Seil in sehr freier Weise. Einzige Spielregel ist, daß beide das Seil die ganze Zeit hindurch berühren müssen. (Partneraufgabe)

☐ Zauberschnüre liegen am Boden. Einer beginnt, sie zu entwirren, spannt sie, führt die Schnüre um seinen Körper, ein zweiter spielt mit. Die Bewegung muß vorsichtig sein: Schnüre, die abrutschen, können empfindlich weh tun. Andere greifen ein, es entsteht ein merkwürdiges Gebilde. (Gruppenaufgabe)

☐ Eine rote und eine weiße Zauberschnur werden jeweils zum Kreis geknüpft, eine Gruppe soll mit der weißen Schnur waagerechte Linien bilden, eine zweite mit der roten Schnur senkrechte. Die Linien sollen sich kreuzen, die Personen bewegen sich jedoch ständig weiter.

Stäbe

Lernziele
Erkennen und Nachvollziehen von geraden Linien und
Winkeln, pantomimische Interpretationen. Durchführen
von Richtungsaufgaben mit Hilfe von Stäben.

Materialien
Gymnastikstäbe oder andere, nicht splitternde, verschieden
lange Stäbe.

Einstieg
Stäbe stehen zum Spiel zur Verfügung.

Aufgaben
- ☐ Mit Hilfe der Stäbe sollen gerade Linien im Körper
  hergestellt werden, auch Winkel. Bilden von recht-
  winkligen oder spitzwinkligen Gebilden. (Gruppenaufgabe)
- ☐ Welches Requisit kann ein Stab darstellen (Stock,
  Säbel, Gitarre, Fernrohr usw.)? Erfinden und Darstellen
  kleiner Szenen mehrerer Teilnehmer mit einem oder
  zwei Objekten. (Partner- oder Gruppenaufgabe)
- ☐ Konkretes, dann imaginäres Balancieren mit einem
  Stab auf verschiedenen Körperteilen. Allein, aber auch
  mit Übergabe des Objekts von einem zum anderen.
  (Einzel- oder Gruppenaufgabe)
- ☐ Dreier- oder Vierergruppe. A nimmt eine geradlinig-
  winklige Stellung ein, B umkreist ihn mit weichen,
  fließenden, runden Bewegungen, baut sich dann aber
  auch in der Art von A neben ihm auf. Ebenso C und
  schließlich D. Das Gebilde verändert sich ständig
  dadurch, daß einer sich um, durch oder zwischen den
  statischen Personen bewegt, dann aber wieder eine
  fixierte Stellung einnimmt und damit einem anderen
  die Aufforderung zur Loslösung und Bewegung gibt.
  (Kleingruppenaufgabe)

Reifen

Lernziele
Taktile und visuelle Sensibilisierung, Erfahren und
Nachvollziehen von runden Raumformen, von „innen" und
„außen".

Materialien
Gymnastikreifen, wenn möglich: in verschiedenen Farben
und Größen.

Einstieg
Jeder bekommt einen Reifen und soll damit etwas erfinden,
was er vorher noch nie getan hat.

Aufgaben
- ☐ Abtasten mit geschlossenen Augen. In der Luft
  nachzeichnen. Mit welchen Teilen des Körpers kann
  man runde oder kurvige Formen bauen, mit welchen
  solche Linien in die Luft oder auf den Boden zeichnen?
  (Einzelaufgabe)
- ☐ Zwei Partner spielen eine Art Puzzlespiel mit runden
  Bewegungen und gekurvten Haltungen. A beginnt mit
  einem runden Air oder Floor pattern, bleibt dann in
  einer runden Position stehen, B umspielt diese Form
  und endet in einer anderen, aber ebenso kurvigen
  Haltung. (Partneraufgabe)
- ☐ Der Reifen liegt am Boden, jeder versucht von innen
  nach außen zu gelangen und mehrmals, aber in immer
  anderen Lösungen, zwischen außen und innen zu
  wechseln. (Einzelaufgabe)
- ☐ Mit mehreren Reifen kann eine Art luftiges Gebäude
  gebaut werden, aus dem sich nun immer ein anderer
  hinaus- oder hineinbewegt. (Kleingruppenaufgabe)
- ☐ Welche Bewegungen des Reifens sind auf die menschliche Bewegung zu übertragen (z. B. drehen, rollen)?

III. Musik als Improvisationsanregung

Mit der Musik erschließt sich der Improvisation eine neue Dimension. Objekte und Geräte, auch pantomimische Ideen sind Anregungen, die meist eine sehr freie zeitliche und dynamische Spontangestalt zulassen. Im Gegensatz dazu wird in dem Augenblick, in dem man Musik als zeitliche Fixierung oder zumindest Bindung annimmt, eine gewisse Anpassung an sie notwendige Konsequenz.

Musik kann in der Tanzerziehung und also auch in der tänzerischen Improvisation unterschiedliche Verwendung finden. Sie kann sein:

☐ Stimulans zur Anregung und Intensivierung der Motorik.

☐ Hilfe zur Sammlung von zeitlichen, dynamischen und formalen Erfahrungen und Kenntnissen.

☐ Vorlage für Improvisation oder Choreographie.

Alle drei Bereiche haben ihre eigene Bedeutung. Doch wie immer man Musik verwendet — das kann nicht ausdrücklich genug gesagt werden —, muß man sich um ihre Eigengesetzlichkeit kümmern, d. h., man soll auf Rhythmus, Instrumentierung, Klangfarbe, Form und Charakter eingehen. Der Improvisationsleiter muß selbst zumindest grundlegende musikalische Kenntnisse und Fähigkeiten besitzen, wenn er Aufgabenstellungen zu musikalischen Themen formulieren und kontrollieren will.

Musik und Bewegung brauchen jedoch keineswegs immer synchron zu sein, noch hat sich der Tanz fraglos und ununterbrochen der Musik unterzuordnen. Doch wenn Asynchronität verwendet wird, sollte dies bewußt geschehen.

Für den Anfang ist es zweifellos wichtig und aufbauend, Themen zu wählen, die die Parallelität zwischen den beiden Medien herausstellen und die nach einiger Zeit unbedingt — zumindest zeitweise — auch unterbrochen werden sollten.

Die Themen zur Zeiterfahrung im ersten Abschnitt des Themenkatalogs sollen mithelfen, Voraussetzungen für die Improvisation zur Musik zu schaffen.

Siehe dazu: B. Haselbach: Musik in der Tanzerziehung, in: „Gymnastik, Rhythmus, Musik". Bericht des Salzburger Gymnastik-Kongresses 1970, Seite 63—73.

Musikalische Ostinati

Einführung

Ein Ostinato ist eine häufig wiederholte kleine musikalische Einheit, die nur aus einem oder zwei Takten oder aber aus einer ganzen Phrase, einem Thema bestehen kann (z. B. Orff — Schulwerk. Bd. I. Mainz 1950, S. 78—79 oder Basso ostinato in einer Chaconne oder Passacaglia).

Lernziel
Synchrone, später eventuell auch komplementäre Übertragung eines akustischen in ein motorisches Motiv. Entwicklung der Fähigkeit, ein Motiv auch längere Zeit in gleichbleibender Intensität und Präzision beizubehalten.

Materialien
Mehrere unterschiedliche Instrumente (vorwiegend Schlag-, eventuell auch Melodieinstrumente, eventuell Klavier).

Einstieg
Vorspielen eines klar gegliederten und in seiner Wiederholung deutlich akzentuierten Ostinatos, Aufforderung zur tänzerischen Realisation.

Aufgaben

☐ Die Gruppe soll dem Ostinato längere Zeit zuhören und ihn rhythmisch nachvollziehen (z. B. durch Klanggesten). Erst wenn diese Fähigkeit vorauszusetzen ist, wird eine synchrone Bewegungsausführung versucht. Diese kann anfänglich in räumlich vielseitig verwendeten Klanggesten bestehen.

☐ Zu jeder Aufgabe wird ein anderer Ostinato gespielt, der sich rhythmisch, dynamisch und in seiner Länge von den vorherigen deutlich unterscheidet. Die Ausführung kann einmal gestisch (diesmal ohne Klanggesten), lokomotorisch oder in einer Verbindung dieser Grundformen bestehen. (Einzelaufgabe)

☐ Kleine Gruppen bilden sich. Der Gruppenleiter findet zu dem vom Leiter oder von einem Teilnehmer gespielten Ostinato ein entsprechendes Bewegungsmotiv, seine Gruppe übernimmt es. Beobachtet der Anführer, daß alle Mitglieder seiner kleinen Gruppe die Bewegungsfolge sicher ausführen, so kann er durch Richtungswechsel, Raumweg oder Raumdimension eine einfache Veränderung hinzufügen. Rollentausch bei neuem Ostinato. (Gruppenaufgabe)

☐ Drei Gruppen haben sich gefunden. Gruppe A soll den Ostinato nur mit den Beinen realisieren (am Platz), B ein lokomotorisches Motiv in einem hohen Level (Raumebene) finden und C eine gestische Interpretation mit wenig Fortbewegung versuchen. Beim nächsten Ostinato übernimmt B die Aufgabe von A, C von B und A von C (Gruppenaufgabe)

☐ Ein Ostinato auf einem Melodieinstrument, einer auf Schlagwerk und ein dritter mit Stimmgeräuschen wechseln, so daß bei mindestens achtmaliger Wiederholung jedes Ostinatos eine Art dreiteiliger Form entsteht. A soll von der ganzen Gruppe, B von einem Solisten, C von einem Paar ausgeführt werden. (Gruppenaufgabe)

Bemerkungen

Sind die Bewegungseinfälle der Gruppenmitglieder wenig phantasievoll, so kann der Leiter die Spielregeln für die Bewegungsausführung stärker präzisieren, wobei alle bereits erfahrenen und bekannten Themen eingebaut werden können. Es genügt — vor allem in musikalisch ungeschulten Gruppen — nicht, einen Ostinato zwei oder dreimal vorzuspielen. Um zu sehen, ob er wirklich verstanden wurde, empfiehlt es sich, oft wieder zur ersten Aufgabe zurückzukehren.

Instrumente in der Bewegung

Einführung

Dazu können vor allem kleines Schlagwerk, aber auch Flöten und unkonventionelle Instrumente verwendet werden, sie sollen die Bewegung anregen, nicht behindern.

Lernziel

Erfahren der Wechselwirkung von funktioneller Geste, die der Tonerzeugung dient, und lokomotorisch oder gestisch freier Ausführung. Differenzierte klangliche Darstellung einerseits und ungehinderte tänzerische Realisation andererseits.

Materialien

Möglichst viele Schellenbänder, Klangstäbe, Handtrommeln, Fingercymbeln, Maracas usw. Eventuell Flöten, wenn die Voraussetzungen ausreichend sind. (Auch selbstgebaute Instrumente.)

Einstieg

Jeder Teilnehmer kann sich ein Instrument aussuchen und soll sich selbst in der Bewegung begleiten.

Aufgaben

☐ Anfänglich soll nur sehr wenig begleitet, sollen also nur besondere Akzente auf den Instrumenten ausgeführt werden. In welcher Weise kann man die Instrumente halten, welche bisher unbekannten Möglichkeiten können gefunden werden? Spielregel bleibt, daß das Instrument klanglich sensibel gespielt wird!

☐ Alle Teilnehmer, die mit Schellenbändern (oder Handtrommeln, Rasseln, Schellentrommeln, Fingercymbeln usw.) experimentiert haben, zeigen ihre Versuche, so daß sich das Repertoire jedes einzelnen auch durch Beobachtungen erweitert. (Einzelaufgabe)

☐ Für jeden Instrumententyp wird eine entsprechende Aufgabe gestellt (auch die Teilnehmer geben Spielregeln!), z. B.:

☐ einfache oder komplizierte Fußrhythmen mit Schellenbändern an den Füßen;

☐ Duett mit Klangstäben unter Einbeziehung des Fußbodens als Schlagfläche;

☐ Trommeln sollen in verschiedensten Haltungen und Schlagweisen gespielt werden (auch mit Ellbogen, Knie usw.);

☐ Rasseln oder Maracas sollen mit Gesten in allen Raumrichtungen verbunden werden;

☐ Duette, Trios, Quartette sollen mit verschiedenen Instrumenten versucht werden, dabei kann eines jeweils doppelt besetzt werden. Formal können sich Frage — Antwort, Rondo, ABA usw. ergeben.

☐ Ein besonders ansprechender Rhythmus kann von allen aufgenommen werden und als Rondothema dienen. Zwischenteile werden solistisch oder gruppenweise von Spielern eines Instrumententyps ausgeführt.

Bemerkung

Diese Improvisationen können für manche Teilnehmer recht schwierig sein, es sollte ihnen genug Zeit zur Verfügung stehen, um sowohl mit der Bewegung als auch der entsprechenden Begleitung zurechtzukommen.

Instrumente im Raum

Einführung

Dafür eignen sich Bongos, Congas, Becken, Gongs, also vorwiegend Instrumente, die im Stehen gespielt werden. Sind entsprechende Instrumentalisten dabei, können auch Kontrabaß, Tempelblocks, Marimbaphon u. ä. benützt werden.

Lernziel

Einsicht in die wechselseitigen Anregungen zwischen tänzerischer und musikalischer Improvisation. Rollentausch zwischen Musizieren und Tanzen. Neue Raumbeziehung in seiner Gliederung durch Instrumente oder Instrumentengruppen.

Materialien

siehe Einführung.

Einstieg

Die Instrumente werden so über die ganze Fläche des Raums verteilt, daß verschiedene Spielräume entstehen, jeder Instrumentalist sollte von allen gesehen werden können. Die Teilnehmer werden gebeten, während des Umhergehens an verschiedenen Instrumenten stehenzubleiben und kurz darauf zu improvisieren.

Aufgaben

☐ Eines der Instrumente gibt einen leisen, gleichbleibenden Grundschlag an. Alle Teilnehmer orientieren sich in den verschiedenen Spielräumen oder wechseln von einem zum anderen. Ihr Bewegungsgrundtempo soll eine Beziehung zum allgemeinen Grundtempo aufweisen.

- [ ] Einzelne Gruppenmitglieder gehen an die Instrumente, beobachten die Tänzer, begleiten sie, bringen dynamische Akzente, Steigerungen oder Decrescendos. Dies kann wieder zu neuen Anregungen für die tänzerischen Improvisationen werden.

- [ ] Mit fortgeschrittenen Spielern braucht nicht unbedingt ein gemeinsames Grundtempo etabliert zu werden. Hier werden freimetrische Begleitungen abgelöst durch Pausen und komplementäres Spiel.

- [ ] Ein bestimmtes Improvisationsschema kann gemeinsam abgesprochen sein, z. B.: Ein Instrument nach dem anderen steigt ein; es entwickelt sich eine gemeinsame Steigerung, die plötzlich von einer Generalpause abgebrochen wird, daraus entsteht ein sparsames Duett zwischen zwei gegensätzlichen Instrumenten, in das plötzlich wieder alle anderen einfallen. Dann umgekehrt wie am Anfang, eins nach dem anderen hört auf. Die Tänzer des ersten können die Instrumentalisten des zweiten Teils sein usw.

- [ ] Es ist denkbar, daß jedes Instrument von mehreren Tänzern interpretiert wird, es muß aber keinesfalls eine geregelte Zuordnung zwischen Spielenden und Tanzenden bestehen. Man kann versuchen, einmal die Musik dem Tanz, ein andermal den Tanz der Musik unterzuordnen. Am idealsten wäre allerdings eine sensible gegenseitige Beeinflussung.

Bemerkung

Dieses Thema ist ohne musikalische Erfahrung und instrumentale Fähigkeiten nicht durchführbar.

Komplexe Ostinatoformen

Lernziel

Entwickeln der Fähigkeit, mehrere komplementäre Ostinati gleichzeitig in der Gruppe auszuführen. Erkennen und Darstellen einer einfachen Mehrstimmigkeit.

Materialien

Verschiedene Instrumente, eventuell Papier und Malutensilien zur graphischen Darstellung des Problems.

Einstieg

Die Gruppe sitzt im Kreis, der Leiter beginnt mit einem einfachen, zweitaktigen Ostinato. Er fordert die Gruppe auf, etwas „Dazupassendes" zu klatschen, das die gleiche Länge hat und ebenfalls laufend wiederholt wird.

Aufgaben

- [ ] Die einzelnen Beiträge werden untersucht; es wird überlegt, was ähnlich und was unterschiedlich sein sollte. Länge und Taktart müssen in diesem Aufgaben-

bereich übereinstimmen, Klangfarbe und Rhythmus sollen sich voneinander abheben bzw. ergänzen.

- [ ] Trios werden gebildet. A beginnt zuerst am Platz mit einer ostinaten und hörbaren Bewegung (entweder Klanggesten oder stimmliche Begleitung der Bewegung); B erfindet ein ostinates Motiv, das das erste räumlich, rhythmisch und bewegungsmäßig ergänzt. C bemüht sich, zu den noch unbenützten Zeiten besondere klangliche und gestische Akzente zu setzen.

- [ ] Darauf aufbauend, kann die nächste Aufgabe mit verschiedenen Formen der Lokomotion stattfinden, wobei jedoch auch räumlich die Zusammengehörigkeit der kleinen Gruppe nicht verlorengehen darf. (Gruppenaufgabe)

- [ ] Drei konzentrische Kreise bilden sich. Der innerste Kreis sucht ein einfaches und ruhiges Motiv, das nur wenig nach rechts und links bewegt ist. Der zweite Kreis übernimmt ein hoch-tief betontes, statisches Motiv, der dritte schließlich einen stark lokomotorischen Ostinato, eventuell mit Drehung oder Sprüngen verbunden. Jede Gruppe soll ihr der Aufgabe entsprechendes Motiv selbst begleiten. Nachdem die drei Lösungen grundsätzlich geklärt worden sind, arbeitet jeder Kreis kurze Zeit für sich, um die Kommunikation zwischen den Teilnehmern zu erleichtern. (Gruppenaufgabe)

- [ ] Jeder einzelne versucht, die entstandene Dreistimmigkeit in drei graphische Motive zu übertragen, die untereinander ebenso komplementär sein sollen wie im motorischen und akustischen Bereich. (Einzelaufgabe)

Bemerkungen

Der Aufbau komplexer Ostinatoformen kann erst vollzogen werden, wenn zwei Ostinati deutlich gehört und ausgeführt werden können. Später können auch vier oder mehr Ostinati gleichzeitig durchgeführt werden, vorausgesetzt, die Teilnehmer können außer ihrem eigenen Ostinatomotiv auch die der anderen hören und beobachten. Der Überblick über die Gesamtform muß von jedem geleistet werden können.

Vokale Tanzmusik — Tanzlieder

Einführung

Dazu eignen sich europäische und außereuropäische Tanzlieder verschiedener Epochen. Eine kleine Auswahl möglicher Lieder mit Angabe von Schallplatten- und Literaturbeispielen findet sich im Anhang.

Materialien

Liederbuch, Schallplatte oder Tonbandbeispiel, eventuell Begleitinstrumente.

Lernziel

Die vorgegebene Musik und das Prinzip des Vortänzers gibt der Improvisation einen relativ engen Raum. Der jeweilige Vortänzer lernt, daß sein Motiv von der Gruppe nur übernommen werden kann, wenn es klar und der Musik entsprechend dargestellt wird. Durch den ständigen Rollentausch muß sich jeder mit der schwierigen Rolle des Vortänzers auseinandersetzen.

Einstieg

Der Leiter fragt die Gruppe nach ihr bekannten Tanzliedern.
Es wird ein Musikbeispiel vorgestellt. Wie kann man dazu tanzen?

Aufgaben

- [ ] Das gewählte Lied wird nach Möglichkeit von der Gruppe selbst gesungen und instrumental begleitet. Sind die Voraussetzungen dafür nicht gegeben, so wird das Tonband- oder Schallplattenbeispiel mehrmals angehört, schließlich versucht jeder für sich, dazu zu tanzen, dabei passendes Bewegungsmaterial zu finden und die Form zu erfassen. (Einzelaufgabe)
- [ ] Der Einsatz der neuen Strophen, instrumentale Zwischenspiele, Phrasierung usw. werden bewußt betont (z. B. durch Mitklatschen, Akzente bei Phrasenbeginn usw.).
- [ ] Viele Tanzlieder wurden nach dem Prinzip gestaltet, daß ein Vortänzer ein bestimmtes Bewegungsmaterial vorzeigt, etwa in der ersten Strophenhälfte, und die Gruppe seine Motive im Refrain oder in der zweiten Hälfte übernimmt. Dies kann hier versucht werden. Bei jeder neuen Strophe übernimmt ein anderer die Rolle des Vortänzers.
- [ ] Die Improvisationsinhalte der Vortänzer sollen nicht wahllos aneinandergereiht werden, sondern müssen sich jeweils am Material des Vorgängers orientieren. Es werden vorwiegend Kreis-, offene Reigen- oder Schlangenformen und Frontreihen als Aufstellung gewählt mit Vor-rück- oder Rechts-links-Bewegungen, Drehungen usw. in kombinierten Schrittmotiven, eventuell mit Klanggestenbegleitung, unter Umständen mit wechselnder Fassung.
- [ ] Sind die jeweiligen Vortänzer bereits fortgeschritten, so kann man ihnen die Aufgabe stellen, eine Entwicklung durch alle Strophen des Liedes durchzuziehen. Zum Beispiel: Der erste zeigt nur ein einfaches Gehmotiv mit Richtungswechsel, der zweite variiert das Gehen zu Hüpfen oder gestampftem Richtungswechsel, der dritte fügt Drehungen oder Schlußsprünge hinzu, der vierte eine Klanggestenbegleitung, der fünfte variiert die Raumform usw.
- [ ] Ein anderer Aufbau kann von Schritten ausgehen und dann Armbewegungen, Blickrichtung und Kopfwechsel beifügen.

Bemerkungen

Die Durchführung einer Improvisation mit einem Vortänzer setzt einige Erfahrung voraus. Dieser muß wissen, was er der Gruppe zutrauen kann, muß fähig sein, zu beobachten, wie die Gruppe reagiert, und unter Umständen sein Motiv vereinfachen. Auch sollten die Phrasen anfänglich nicht zu lang sein, damit das Gedächtnis der Gruppe nicht überfordert wird. Das Thema ist so variabel und die Musikbeispiele sind so reichhaltig, daß im Laufe eines Jahresplans öfter daran gearbeitet werden kann. Dann sind die Phrasierungen systematisch zu verlängern, so daß das Gedächtnis dabei entwickelt wird.

Außereuropäische Tanzmusik

Einführung

Außereuropäische Musik ist im allgemeinen weniger bekannt, daher durch ihre Fremdartigkeit besonders anregend. Grundsätzlich entsteht bei Verwendung solcher Musik das Problem zwischen authentischer und nachempfundener Tanzform, das hier nur angedeutet werden kann. Es muß den Teilnehmern bewußt werden, daß sie keinen originalen südamerikanischen, afrikanischen oder polynesischen Tanz ausführen, sondern daß eine faszinierende Musik zum Ausgangspunkt einer Improvisation mit mitteleuropäischen Bewegungsmitteln verwendet wird. Beispiele im Anhang.

Lernziel

Vertrautwerden mit außereuropäischer Musik verschiedener Kulturen. Neue musikalische und inhaltliche Anregungen werden spontan in Einzel-, Partner oder Gruppentänze umgesetzt.

Materialien

Vorbereitetes Tonband mit einem nicht zu langen Musikbeispiel oder entsprechende Schallplatte. Fotos von Instrumenten und Tänzern.

Einstieg

- [ ] Bezüge zu literarischen Berichten (Erzählungen, Reiseschilderungen, Expeditionsberichte, Märchen oder Kinderbücher) aus dem Ursprungsland der Musik können hergestellt werden.
- [ ] Videomitschnitte von Fernsehsendungen mit Tänzen aus verschiedenen Kulturen.
- [ ] Die Musik selbst wird als einzige Stimulierung verwendet.

Aufgaben

- [ ] Musik hören, spontan darauf reagieren, erste Bewegungsideen zeichnen sich ab. In dieser Phase ist der Leiter vor allem Beobachter und greift erst später Ideen auf, die in dieser anfänglichen Phase auftreten. (Einzelaufgabe)

Musik nochmals hören und über die Eindrücke und Assoziationen sprechen. Soll man allein oder zu zweit bzw. in einer Gruppe tanzen? Alle Möglichkeiten können auch gleichzeitig durchgeführt werden. Sollen Inhalte dargestellt, sollen Tanzrequisiten verwendet werden? (Gruppenaufgabe)

Verschiedenen Gruppen können unterschiedliche Aufgaben gestellt werden; z. B. Kreistanz um einen Solisten, Tanz in einer Kette, Tanzform mit wechselnden Partnern. (Gruppenaufgabe)

Einzelne Gruppen zeigen ihre Lösungen. In der Beobachtung soll klargestellt werden, welches inhaltliche oder bewegungsbezogene Thema, welche Raumformation usw. gewählt wurde.

Bemerkung
Es wäre interessant, der improvisatorischen Verwendung von Musik eines bestimmten Landes in der nächsten Stunde ein originales Beispiel folgen zu lassen.

Tanzmusik der Renaissance

Lernziel
Einführung in eine bestimmte Epoche der Tanzliteratur auf improvisatorischem Wege. Information über charakteristische Merkmale wie Haltung, Benehmen, Kleidung usw. werden gegeben und, soweit möglich, in die Improvisation einfließen.

Materialien
Vorbereitetes Tonband oder Schallplatte mit z. B. zwei kurzen, kontrastierenden Tänzen wie Pavane und Gaillarde, Fotos von Kostümen, Haltung, Referenzen von Instrumenten und Tanzräumen. Musikvorschläge im Anhang.

Einstieg
Bei Kindern kann ein Märchen oder eine Erzählung, in dem auch von einem höfischen Fest die Rede ist, Anlaß zur Improvisation sein.

Bei Studenten könnte ein fächerübergreifendes Projekt, das Musik, Literatur, Malerei und Architektur der Renaissance behandelt, Anlaß zu einer erst improvisierenden, dann authentischen Erarbeitung eines oder mehrerer Tänze sein.

Aufgaben
Der erste, langsame Teil der Musik wird mehrmals gehört, die Teilnehmer bewegen sich zur Musik, versuchen den Charakter aufzunehmen und sich in die Haltung einzufühlen. Schrittmaterial wird ausprobiert. (Einzelaufgabe)

Das Schrittmaterial wird zu der Musik entsprechenden Phrasierungen kombiniert, wobei nicht mehr als zwei oder drei verschiedene Schrittarten verwendet werden sollen. (Einzelaufgabe)

Mit einem Partner werden Fassungen versucht, die den Vorbildern entsprechen. Raumwege in einfachen Vorrück- oder seitlichen Abläufen erprobt. (Partneraufgabe)

Die ganze Gruppe oder einige Paare suchen gemeinsam nach einer Formation und den entsprechenden Raumwegen. (Gruppenaufgabe)

In ähnlicher Weise wird mit dem schnellen, gesprungenen Tanz verfahren. Dabei können sich Variationen in der Besetzung ergeben, daß beispielsweise eine Strophe (oder die Hälfte) solistisch von einem Partner, der nächste Teil vom zweiten, ein dritter Teil schließlich von beiden gemeinsam getanzt wird. (Partneraufgabe)

Bemerkungen
Je nach Alter und Erfahrung der Teilnehmer wird man bei einer sehr einfachen Form stehenbleiben oder durch immer mehr und differenziertere Aufgaben möglichst nahe an das Original kommen.

Elektronische Musik

Einführung
Dabei ist an originale Musik für Synthesizer, nicht aber an elektronische Wiedergabe von ursprünglicher Instrumentalmusik gedacht.

Lernziel
Erwecken von Verständnis für elektronische Musik über den Weg der tänzerischen Darstellung. Sorgfältige Einführung und Vorbereitung soll eine einseitig parodistische Darstellung verhindern. Zuordnung von Klangfarbe, Tondauer, Dynamik, Tondichte zu Bewegungsmotiven einzelner Körperteile oder zusammenhängenden, ganzkörperlichen Sequenzen.

Materialien
Tonband mit ausgewählten Beispielen elektronischer Musik. Angaben dazu siehe Anhang.

Einstieg
Ein kurzes Beispiel wird gespielt. Welche Assoziationen ergeben sich? Verbinden die Teilnehmer mit den Geräuschen auch Bewegungsvorstellungen?

Aufgaben
Zwei oder drei besonders charakteristische und voneinander unterscheidbare Themen wurden mit kurzen Pausen immer wieder nacheinander auf Tonband kopiert, so daß eine konzentrierte Auseinandersetzung mit den Teilen erfolgen kann. Jeder Teilnehmer versucht zuerst partielle körperliche Reaktionen, die bei den Wiederholungen auch von anderen Körperteilen übernommen werden. (Einzelaufgabe)

Duett mit Füßen: Aus der Position des Liegens und Stehens entwickeln vier Füße eine kleine Szene.

Turm der Köpfe: Das Thema „übereinander" wird von einer Gruppe in verschiedenen Phasen der Improvisation unterschiedlich dargestellt.

☐ Die gleichen Themen werden von Kleingruppen übernommen. Ein mögliches Verfahren ist, daß jeder nur einen Teil des Motivs übernimmt, so daß im zeitlichen Nacheinander jeder Teilnehmer durch kurze, partielle Bewegungen an der Gesamtimprovisation des musikalischen Themas beteiligt ist. (Gruppenaufgabe)

☐ Wieder improvisieren Kleingruppen. Nun versucht jedes Mitglied den Gesamtablauf des Themas darzustellen, wobei z. B. verschiedene Richtungen, Levels, Körperteile, Körperebenen usw. von den einzelnen bevorzugt werden. (Gruppenaufgabe)

☐ Nach diesen Vorerfahrungen können längere musikalische Teile allein oder in der Gruppe improvisiert werden. Die Musik sollte möglichst oft gehört und eventuell besprochen oder graphisch skizziert werden.

Beispiele aus der „U"-Musik

Einführung
Dieses Gebiet ist in sich außerordentlich vielfältig und reicht von Classic Pop über Filmmusik bis zum Musical.

Materialien
Die Gruppe soll Vorschläge erbringen und eine Rangliste ihrer Favoriten aufstellen.

Lernziel
Erweiterung des Bewegungsmaterials, das von Jugendlichen in Diskotheken verwendet wird. Verständnis des formalen Ablaufs und der verwendeten musikalischen Mittel.

Einstieg
Spontane tänzerische Reaktion auf eines der ausgewählten Musikstücke. Nach Möglichkeit sollte gleichzeitig eine Videoaufnahme gemacht werden, so daß erste Reaktion und Endergebnis miteinander verglichen werden können.

Aufgaben
☐ Sammeln von Bewegungsmaterial, Reaktion auf formale Gliederung, Orchestrierung, Wechsel von Gesang und Instrumentalteilen.

☐ Aus den erprobten Einfällen werden einige von allen übernommen, es tanzt jeder für sich, aber alle improvisieren gleichzeitig über dieselben Motive.

☐ Kontakte zwischen einzelnen sollen entstehen (tanzen gegenüber, nebeneinander oder in kleinen Gruppen) und wieder aufgelöst werden, um mit anderen Partnern neu zu entstehen. (Partneraufgabe)

☐ Die Musik wird, nachdem sie intuitiv bereits mehrmals bewegungsmäßig gestaltet wurde, auf ihre formalen Strukturen hin besprochen. Charakteristische Motive, interessanter Aufbau, verbale Aussagen usw. können in den Gestaltungsplan aufgenommen werden. So kann eine Art Grundriß der gemeinsamen Improvisation entstehen, in welchem einzelne Gruppen bestimmte musikalische Teile oder Motive übernehmen.

Bemerkungen
Das Thema eignet sich besonders zur Verwendung mit Jugendlichen. Die speziellen Aufgaben sind abhängig von der jeweiligen Musik, doch sollte gerade bei Themen, die von den Jugendlichen als ihre eigenste Domäne betrachtet werden, der Lerncharakter zurückstehen.

Collagen

Einführung
Darunter versteht man eine Zusammensetzung oder Komposition von ursächlich nicht zusammengehörigen Materialien. Der Begriff wird sowohl in der bildenden Kunst als auch in der Musik und Literatur verwendet.

Lernziel
„Montieren" von musikalischen und tänzerischen Collagen, Einbeziehung von anderen Ausdrucksmedien, ohne daß die Präzision der körperlichen Aussage abgeschwächt wird.

Materialien
Bildcollagen als Anschauungsmaterial. Von der Gruppe gemeinsam hergestellte Geräuschcollagen auf Tonband mit Geräuschszenen aus dem Alltag.

Einstieg
Eine kurze Geräuschszene wird in ihrem realistischen Zusammenhang entschlüsselt. Wie könnten die geräuscherzeugenden Aktionen aussehen?

Aufgaben
☐ Versuche, die Geräusche synchron und so realistisch wie möglich darzustellen. (Einzel- und Gruppenaufgaben)

☐ Asynchrone Reaktionen, die keinen kausalen Zusammenhang mit der möglichen Geräuschquelle aufweisen, werden in Kleingruppen als gegenseitig stimulierende Aktionen erprobt.

☐ Mehrere Spieler oder kleine Gruppen werden auf verschiedene Spielflächen oder Podeste verteilt. Aktionen auf allen Spielflächen können wie eine Kettenreaktion von einem Ort zum nächsten weitergehen. Sie können von allen gleichzeitig, aber ohne wechselseitige Beziehung stattfinden oder eine Art Rollenverteilung nötig machen, so daß jede Gruppe bestimmte Geräusche, Richtungen, Körperteile, Bewegungsqualitäten usw. „verwaltet".

☐ Die Gruppen oder einzelne ihrer Mitglieder können während der Aktionen oder in den dazwischenliegenden Pausen ihre Plätze wechseln, Requisiten, Objekte und Kostüme einbeziehen. (Gruppenaufgabe)

Bemerkungen
Diese Aufgaben setzen vielfältige Bewegungserfahrung voraus, wenn die Lösungen nicht chaotisch werden sollen. Sie sind für Gruppen gedacht, die über ausreichende Improvisationserfahrung verfügen.

IV. Sprache als Improvisationsanregung

Sprache — gesprochen oder geschrieben — kann in vielfacher Weise zur Improvisation anregen und verwendet werden:
- [ ] Spiel und Experiment mit Sprachelementen (Vokale, Konsonanten)
- [ ] Rhythmische und klangliche Elemente der Sprache (Sprachmelodie, Längen und Kürzen, Akzente usw.)
- [ ] Inhalte der Sprache (konkrete oder stilisierte Darstellung)
- [ ] Ausdrucksgehalt der Sprache
- [ ] Formale Struktur des Textes

Die sprachliche Anregung kann vorweggenommen werden und die Gruppe zur Improvisation anregen. Während der Improvisation wird sie dann nicht mehr verwendet. Sie kann auch während der Aktion als Begleitung der Bewegung gesprochen werden. Schließlich kann der bildhaft-graphische Eindruck geschriebener Sprache Ausgangspunkt von Improvisation sein (visuelle Poesie).
Als Materialien sind für diese Absicht geeignet:
- [ ] Sprachelemente
- [ ] Einzelwörter
- [ ] Wortreihen
- [ ] Auszählreime
- [ ] Kniereiterliedchen
- [ ] Rätsel
- [ ] Reime
- [ ] Comics (in Verbindung mit dem Bild)
- [ ] Sprüche
- [ ] Sprichwörter
- [ ] Gedichte
- [ ] Werbeslogans
- [ ] Nonsensverse
- [ ] Zeitungstexte
- [ ] Prosa (Märchen, Fabeln, Short stories)
- [ ] Improvisierte Texte (Dialoge, Ansprachen usw.)

Die Verwendung der Sprache in der tänzerischen Improvisation konzentriert sich auf die bild- und körperhafte Sprache, die mit den Mitteln der Bewegung darstellbar ist. Sie soll zur Differenzierung und Erweiterung des Wortschatzes und zur Schulung des sprachlichen und bewegungsmäßigen Ausdrucks beitragen, darüber hinaus aber auch sprachliche Inhalte darstellbar machen und innere Bilder zu Aktionen bringen.
Bei genügender Sprachkenntnis können auch fremdsprachliche Beispiele verwendet werden. Überschneidungen mit dem Rollenspiel ergeben sich immer wieder.

Spiel mit Sprachelementen

Einführung
Damit sind Vokale und Konsonanten gemeint, bei letzteren vorwiegend die Gruppen der Nasale (m, n, ng), Explosivlaute (p, t, k, b, d, g), Zischlaute (s, sch, z, stimmhaft und stimmlos) sowie die Reibelaute (w, r, l, f, v).

Lernziel
Klangliche Charakteristika der Vokale und Konsonanten werden entsprechend in partieller oder ganzkörperlicher Bewegung dargestellt. Nebenbei wird die Art de Tonerzeugung bewußtgemacht. Akustische und visuelle Beobachtungsschulung.

Materialien
Keine.

Einstieg
Die Gruppe lauscht mit geschlossenen Augen. Der Leiter produziert einige unterschiedliche Laute mit dem Mund. Die Teilnehmer sollen den Ursprung der Geräusche herausfinden und versuchen, selbst ähnliche hervorzubringen.

Aufgaben
- [ ] Nachdem viele unterschiedliche Geräusche hergestellt wurden, soll untersucht werden, ob sich Gruppen von verwandten oder ähnlichen Geräuschen finden lassen (z. B. Stimmglisandi, Zungengeräusche, Brummen, Zischlaute usw.).
- [ ] Die einzelnen Geräuschgruppen sollen in ihrer Gemeinsamkeit beschrieben werden. Wie könnte man sie mit der Hand beschreiben, nonverbal? Wie klingt ein „P" oder ein „Schschsch"? Ist der Ton lang oder kurz, gerade oder wellenförmig, hat er ein abruptes oder ausklingendes Ende? Die Geräusche sollen als Begleitung zu entsprechenden Bewegungen ausgeführt werden.
- [ ] Kann man einzelne Geräusche — es werden immer stärker Explosiv-, Zisch-, Reibelaute und Nasale betont — nur mit den Händen, mit einem Bein oder dem ganzen Körper darstellen? Was ist jeweils charakteristisch an dem Geräusch? Ist dieses Charakteristikum auch in der Bewegung vorhanden?
- [ ] Partnerimprovisation: A stellt jeweils ein Geräusch vor, B versucht möglichst simultan eine adäquate Bewegung zu finden. Dann beginnt A mit einer Geste, und B soll mit dem dazu passenden Geräusch antworten. Rollentausch.

☐ Mehrere Gruppen werden gebildet, die jeweils einen bestimmten Laut, Vokal oder Konsonant mit einer von der Gruppe akzeptierten Bewegung dazu darstellen. Jede Gruppe stellt sich vor, dann kann mit oder ohne Dirigenten, gleichzeitig oder nacheinander agiert werden. Der Leiter sollte darauf hinweisen, daß es wichtiger ist, selten, aber sehr klar und deutlich zu agieren, als ständig, aber dafür immer unpräziser in der Ausführung zu werden.

Bemerkung
Beim Herausfinden entsprechender klanglicher und bewegungsmäßiger Qualitäten können auch graphische Darstellungen zu Hilfe genommen werden.

Aktionswörter

Einführung
Das Prinzip dieses Themas besteht in der Mitteilung von Wörtern, die offen oder verschlüsselt verschiedene Aktionen beschreiben oder dazu auffordern.

Lernziel
Schnelle Reaktion auf die einzelnen Vorschläge. Sich bewußt werden, welche Begriffe eine körperliche Darstellung ermöglichen und welche nicht. Wortschatzübung.

Materialien
Eventuell Objekte (Podeste) und kleine Gegenstände.

Einstieg
Bei der ersten Anwendung besteht die Motivation in einem Überraschungseffekt. „Wer kann sich verstecken, rollen, laufen . . .?"

Aufgaben
☐ Der Leiter oder ein Teilnehmer ruft ein Wort oder schreibt es an die Tafel. Alle versuchen, dieses Wort auf ihre Weise auszuführen.
☐ Nach kurzer Zeit wird ein anderes Wort angegeben, dargestellt und wieder von einem anderen abgelöst. Jedes neue Wort soll von einem anderen Teilnehmer angeboten werden.
☐ Sind die ersten Einfälle durchgeführt, so setzen sich die Teilnehmer und besprechen die Verwendbarkeit der angegebenen Wörter und suchen nach neuen Möglichkeiten. Zum Beispiel Beziehungswörter: jemanden suchen, sich treffen, etwas übersteigen, auf etwas schlagen usw., oder Aktionsformen mit Objekten, z. B. etwas verstecken, werfen, schenken, nehmen, tragen usw.
☐ Die neuen Ideen werden ausprobiert, die vorbereiteten kleinen Gegenstände dazu benützt. Auch große Raumobjekte können zu neuen Aktionen anregen, z. B. auf

Podeste steigen, sich darunter legen oder verstecken, sie überspringen usw.
☐ Nachdem anfänglich nur Verben benützt wurden, können nun auch Kombinationen von Wörtern verwendet werden, wodurch sich bereits kleine szenische Motive bilden, z. B. sich treffen und trennen, fallen und aufstehen, laufen und still stehen, jemandem begegnen und beisammenbleiben usw.

Bemerkungen
Das Thema eignet sich für alle Altersgruppen, und zwar besonders für den Stundenanfang, da es eine intensive körperliche Erwärmung und Aktivierung der ganzen Gruppe bewirkt. Das Tempo im Wechsel der Aufgaben kann gesteigert werden, doch muß der jeweilige „Aufgabensteller" sich versichern, ob die ganze Gruppe bereit ist oder noch etwas Zeit zur Lösung der vorherigen Aufgabe benötigt.

Wortfelder

Einführung
Darunter versteht man Wörter, die Varianten eines Grundbegriffs beschreiben (z. B. denken — sinnieren, überlegen, reflektieren, sich besinnen usw.).

Lernziel
Schulung der Beobachtungsfähigkeit, Wortschatzdifferenzierung und Erweiterung. Darstellungsübungen mit dem Ziel, den anderen die eigene Absicht klarzumachen. Kommunikationsübung im Mitteilen und Aufnehmen.

Materialien
Schreibutensilien.

Einstieg
Der Leiter stellt eine Möglichkeit des Gehens dar (z. B. stolpern), die Teilnehmer sollen erkennen, was dargestellt werden sollte, und notieren sich das entsprechende Wort.

Aufgaben
☐ Jeder einzelne soll Varianten zum Wort „gehen" finden (siehe Seite 34, Varianten der Grundformen), nach einiger Zeit werden die verschiedenen Lösungen gezeigt und notiert.
☐ Die einzelnen Beiträge können geordnet werden, z. B.: Wer meint, ein Tier in verschiedenen Gangarten erraten zu haben? Wer eine bestimmte Person? Wer einen Menschen in einer bestimmten Situation?
☐ Die Notizen (es sollte notiert werden, wer welche Rolle dargestellt hat) werden gemeinsam besprochen, an der Tafel können die einzelnen Lösungswörter nach Gruppen geordnet aufgeschrieben werden.

Bemerkung
Die Aufgabe kann sowohl von der zu erratenden Darstellung zum Wort als auch vom Wort zur Darstellung führen.

Gedichte

Einführung
Gedichte müssen mit großer Sorgfalt ausgewählt werden, alle abstrakten, reflektierenden oder sehr stimmungsgeladenen Gedichte eignen sich kaum zu tänzerischer Darstellung mit Kindern oder Laien. Selbst bei Berufsstudenten und professionellen Tänzern zeigt sich, daß der Körper nur bestimmte sprachliche Inhalte transportieren kann.
Lyrik, die einen inhaltlichen Bezug zu Tanz oder Musik oder eine klare Aktion aufweist, eignet sich als Improvisationsthema. Welche Vorstellungen hat die Gruppe selbst? Der Leiter kann mehrere Gedichte zur Auswahl stellen. Einige Beispiele, auch fremdsprachliche, sollen Verwendungsmöglichkeiten skizzieren.

„Sensemayá" von Nicolas Guillen, Kuba

Einführung
Das Gedicht wurde entnommen der Sammlung: Rose aus Asche. Spanische und spanisch-amerikanische Lyrik seit 1900. Seite 49. Herausgegeben und übertragen von Erwin Walter Palm. Piper Verlag, München 1955.
Die Idee zu diesem Beispiel wurde von Volker Deutsch angeregt. (Spanischer Text und deutsche Übersetzung im Anhang)

Lernziel
Mit Rücksicht auf die sehr bildhafte sprachliche Darstellung soll eine stilisierte tänzerische Form gefunden werden. Die Akteure sollen sowohl die sprachliche als auch die tänzerische Darstellung übernehmen und unter Umständen eine rhythmische Begleitung dazu finden.

Materialien: Vervielfältigter Text, Begleitinstrumente.

Einstieg
Der Text wird von jedem einzeln für sich, dann von mehreren laut gelesen. Daraus ergibt sich eine Diskussion über die tradierte oder auch imaginierte Funktion der Worte. Kann es eine Beschwörungsformel bei der Jagd nach Schlangen sein oder der Text eines Siegesrituals?

Aufgaben
☐ Wie kann man das Gedicht sprechen, vor allem die immer wiederkehrenden Zeilen „maiombe bombe maiombe"? Welche Möglichkeiten der Rhythmisierung

werden von einzelnen gefunden, soll ein Instrument zur Begleitung herangezogen werden?
☐ Aus den verschiedenen sprachlichen Versuchen wird der überzeugendste ausgewählt und von allen Teilnehmern als eine Art Tutti-Refrain nach dem erzählenden Text des Solosprechers gemeinsam gesprochen.
☐ Welche Bewegung könnte dem „maiombe . . ." entsprechen? Versuche Einzelner und kleiner Gruppen werden gezeigt!
☐ Langsam kristallisiert sich eine Darstellungsform heraus. Der Refrain „maiombe . . ." wird von allen Tänzern gesprochen und als gemeinsamer Bewegungsostinato ausgeführt. Der weitere Text wird von einem Solisten gesprochen, der ein Instrument (z. B. eine Trommel) zur rhythmischen Unterstützung verwendet. Um eine dynamische Steigerung zu erreichen, können Textwiederholungen von der Gruppe ausgeführt werden.
☐ Welche Raumformation bietet sich an? Die imaginäre Schlange bildet den Mittelpunkt eines Kreises, um den sich einzeln oder in kleinen Grüppchen die Tänzer bewegen. Die Aktion soll sich bis zum Siegesjubel „Die Schlange ist tot . . ." steigern, könnte also gestisch am Platz beginnen und sich immer intensiver bis zur Lokomotion um den getöteten Feind entwickeln.

Bemerkungen
Sollte es sich um erste Versuche mit Improvisation von Gedichten handeln, so muß der Leiter voraussichtlich helfen. Auf sparsame Bewegung und Pausen hinweisen, die die Dramatik des ganzen Ablaufs mehr steigern als allzu intensive Motorik.

Il ragno fa un filo lungo — Die Spinne macht einen langen Faden

Einführung
Das Gedicht findet sich in „Girotondo", Gedichte aus einem sizilianischen Kindergarten, herausgegeben von Helene Bataillard, Verlag Servicio Christiano, Monte degli Ulivi I 93016, Riesi, Sizilien.
Der italienische Text und die deutsche Übersetzung finden sich im Anhang.

Lernziel
Auseinandersetzung mit einem italienischen, von 4- bis 6jährigen Kindern gemachten Gedicht. Darstellung des Netzbaus und der pantomimischen Szene zwischen Fliege und Spinne. Kontrast zwischen Unbeweglichkeit und rascher motorischer Reaktion.

Materialien
Eventuell Zauberschnüre, bei Jugendlichen oder Erwachsenen vervielfältigter Text.

Bei Kindern Erzählung oder Gespräch über ein Spinnennetz, dann Vorlesen des Gedichts.

Aufgaben
- [ ] Wie kann man die Bewegung der Spinne beschreiben (z. B. verhalten, plötzliche Reaktionen, drohendes Lauern in einer Ecke, scheinbare Unbeweglichkeit usw.); wie kann man sie selbst darstellen?
- [ ] Wie könnte das Netz dargestellt werden? Vorschläge: imaginäres Netz, Verwendung von Zauberschnüren, Teilnehmer bilden das Netz. Versuche zu den verschiedenen Vorschlägen.
- [ ] Mehrere Gruppen bilden sich und realisieren einen der Netzvorschläge, jedes Netz hat eine oder mehrere Spinnen, die lauernd und unbeweglich nach Vollendung des Netzes in einer Ecke warten.
- [ ] Anflug von Insekten. Manche bemerken die Gefahr noch rechtzeitig und entkommen, andere verwickeln sich hoffnungslos im Netz, andere werden sofort von der Spinne getötet.
- [ ] Häufiger Rollentausch, da normalerweise keiner der Teilnehmer immer nur Opfer sein will.

Mirror, Mirror

Einführung
Dieses Gedicht stammt von einem 7jährigen Mädchen, Deborah Ensign, USA, und wurde veröffentlicht in „Miracles", Poems by children of the English-speaking world. Collected by Richard Lewis. Simon and Schuster, New York 1966. Text und Übersetzung im Anhang.

Lernziel
Visuelle Beobachtung und Kommunikation. Schnelle und präzise Reaktion auf den Partner, Erfinden von kleinen Szenen, Bewußtwerden der Verantwortung für die Ausführung des Partners.

Materialien: Wenn vorhanden: großer Spiegel.

Einstieg
Wenn im Raum ein großer Spiegel vorhanden ist (in den meisten Tanzschulen gibt es mindestens einen), so versammelt sich die ganze Gruppe vor ihm, beobachtet sich, und sofort ergeben sich Spielmomente.
Der Leiter oder ein Teilnehmer liest Deborahs Gedicht.

Aufgaben
- [ ] Zwei Partner stellen sich Gesicht zu Gesicht. A ist die wirkliche Person, B sein Spiegelbild. Zuerst versucht A verschiedene kleine Bewegungen, Handlungen usw. B imitiert ihn möglichst simultan. Rollenwechsel.
- [ ] Wieweit muß die Bewegung an den Platz gebunden sein, können auch Schritte, Drehungen und schnelle Bewegungen verwendet werden? A und B sollen das Bewegungsrepertoire erweitern.
- [ ] Nach diesen Experimenten setzt sich die Gruppe zusammen, ein Paar zeigt seine Lösungen, gemeinsam wird überlegt, wie sich derjenige vor dem Spiegel verhalten muß, damit ihm sein Partner folgen kann. Alle schnellen, unvorbereiteten Bewegungen sind sehr schwierig nachzuvollziehen. Drehungen sind dann unmöglich, wenn das Spiegelbild nicht sehen kann, was weiter geschehen soll. Schritte, wenn nicht zu schnell und gut vorbereitet, können den gestischen Bewegungen durchaus hinzugefügt werden.
- [ ] Schließlich wird das Gedicht nochmals gelesen. Ein Teilnehmer liest — nicht zu schnell — für alle Paare. Es sollte zwischen den einzelnen Textzeilen genügend Zeit zum Agieren bleiben.

Bemerkungen
Das Thema ist für alle Altersstufen geeignet, die Vorprägung durch das Gedicht eignet sich wohl besonders für Kinder. Mit Fortgeschrittenen kann das Thema „Spiegel" auch ohne diese Texthilfe und in differenzierter Form verwendet werden.

„Sich zusammenschließen . . ." — „Einanderzudrehen . . ." — „vom rand . . ."

Einführung
Diese Gedichte sind von Eugen Gomringer und wurden seinem Gedichtband „Worte sind Schatten", Rowohlt, Hamburg 1969, entnommen. Texte im Anhang.

Lernziel
Experimente über die Beeinflussung der tänzerischen Darstellung durch unterschiedliche Rezitationsweisen (sachlich und neutral oder veränderlich und expressiv in Tempo und Dynamik). Rezitation durch einen oder mehrere Sprecher, mit oder ohne Verwendung von instrumentaler Begleitung, Rezitation durch die Ausführenden selbst oder durch einen „Nur-Sprecher".

Materialien: Vervielfältigte Texte.

Einstieg
Die Gedichte werden von einem Teilnehmer vorgelesen. Es ergibt sich die Frage, ob bei einer so präzisen Aktionsbeschreibung Improvisation überhaupt noch möglich ist. Gibt es unterschiedliche Möglichkeiten, den Text zu interpretieren?

Aufgaben
- [ ] Der Text eines ausgewählten Gedichts wird langsam und möglichst sachlich gelesen. Jeder einzelne versucht, die „Anweisungen" des Gedichts auf seine Weise auszuführen.

- Aus manchen Textstellen ergeben sich Beziehungen zu anderen, es bilden sich Gruppen, die an einer gemeinsamen, aber nicht uniformen Lösung arbeiten. Jede Gruppe wählt sich eines der drei Gedichte aus.
- Welche Ausgangsposition ist möglich? Wo ergeben sich Treffpunkte? Welches „timing" sollte der oder die Sprecher einhalten? Sollen Bewegung und Sprache synchron sein oder zeitlich aufeinanderfolgen?
- Versuchsweise kann der Text vor, während oder nach der Darstellung gesprochen werden. Welche Lösung bewährt sich am besten?

Bemerkung
Die Texte, die gerade wegen ihrer neutralen „Regieanweisung" den Schwerpunkt der Improvisation auf Variationen der Ausführung legen, eignen sich eher für Jugendliche und Erwachsene.

Prosatexte

Ähnlich wie bei Gedichten muß auch hier die Vorauswahl sehr überlegt erfolgen. Kinderbücher, Geschichten, Märchen, Fabeln, Geschichten aus Kinderfernsehprogrammen usw. sind Fundquellen für Texte mit Kindern. Bei Jugendlichen oder Erwachsenen können Kurzgeschichten, Zeitungsberichte u. ä. herangezogen werden. Die Texte sollten möglichst kurz sein und viele Aktionen beinhalten.

Lafontaine: Die Ameise und die Grille

Lernziel
Finden von Ausdrucksmöglichkeiten für Grille und Ameisen. Zusammenspiel von Musik und Darstellung. Übertragung des Fabelgehalts auf eine ähnliche Problematik in unserer Gesellschaft.

Materialien
Textbuch, Instrumente, eventuell Requisiten. Text S. 124.

Einstieg
Der Text wird vorgelesen oder erzählt, der Schluß soll jedoch offengelassen werden, um jeder Gruppe die Möglichkeit zu geben, einen eigenen Schluß zu finden.

Aufgaben
- Welches Verhalten (Bewegung, Haltung, Raumweg, Gruppierung, Tempo) eignet sich für die Grille, welches für die Ameisen? Jeder einzelne versucht, Charakteristisches für beide Rollen zu finden.
- Ein Teil der Gruppe improvisiert eine Begleitung für die Ameisen. Welche Instrumente sollen dafür verwendet werden (z. B. Rasseln, Trommeln, Holzblocktrommeln, Xylophone)? Später wird eine Begleitmusik für die Grille ausprobiert (Flöte, Glockenspiel, Lotusflöte oder Stimme).

- Nach den ersten Versuchen wird eine Strategie des Ameisenhaufens besprochen (Durcheinanderkrabbeln im Ameisenhaufen, einzelne Ameisen, die auf den Ameisenstraßen Waren herbeischaffen, rasche Wendungen und Richtungswechsel usw.). Die musikalische Begleitung paßt sich dem weitgehend an, so daß das ursprüngliche Durcheinander in der Begleitung einer gewissen Organisation und Steigerung weicht.
- Ebenso wird mit der Rolle der Grille verfahren, sie soll im Gegensatz zur Lokomotion der Ameisen am Platz (ihrem Baum) bleiben; ihre Bewegung ist eher gestisch-tänzerisch und auf jeden Fall ein Solo und soll mit den Melodiephrasen der Begleitung korrespondieren.
- Wie verändert sich das Verhalten der Tiere beim einbrechenden Winter? Die Ameisen bleiben in ihrem Bau, wenden sich nach innen, tun nur noch das Nötigste. Die Grille draußen wird steif und müde in der Bewegung, sie nähert sich mühsam den Ameisen und bittet um Futter.
- Nach diesen ersten Vorbereitungen werden die Rollen für einen „Durchlauf" verteilt, am besten von den Teilnehmern selbst. Wer möchte an die Instrumente, wer Ameise, wer Grille sein? Wie soll der Text verwendet werden? (Ein Erzähler könnte die Geschichte während der Aktion sprechen; Dialoge können von den Darstellern während des Spiels erfunden und gesprochen werden, oder aber der Text bleibt nur Auslösung und wird nicht mehr gesprochen. Auch eine gesungene Darstellung ist möglich.)
- Nach all diesen Voraussetzungen wird das Stück mit wechselnden Besetzungen mehrmals durchimprovisiert. Nach jedem Mal sollte gemeinsam besprochen werden, was gelungen und was noch verändert werden sollte. Das Ende der Fabel sollte von jeder Gruppe besonders gut überlegt werden. Bekommt die Grille Futter, wird sie abgewiesen oder von den Ameisen aufgefressen? Soll sie für die Ameisen tanzen und singen und sich ihre Nahrung verdienen?
- Zuletzt wird sowohl die Darstellung selbst als auch die „Moral von der Geschichte" besprochen. Gibt es ähnliches Verhalten in unserer Gesellschaft? Wer sind die Ameisen, was sind ihre Gründe zur Ablehnung der Grille? Wer sind Grillen? Was provozieren sie? Welche Argumente haben sie? Wie sehen Lösungen in unserer Zeit aus?

Bemerkungen
Ein gutes Zusammenspiel von musikalischer und szenischer Darstellung soll erreicht werden. Dies kann über eine Improvisation hinaus zu einer auszuarbeitenden Gestaltung führen. Besondere Wichtigkeit an diesem Beispiel hat jedoch die Reflexion, die über eine gelungene Improvisation oder Gestaltung hinaus Zusammenhänge mit gesellschaftlichen Problemen aufdecken soll.

V. Ornamentik, Malerei, Graphik und Skulptur als Improvisationsanregung

Tanz ist eine Sprache der bewegten Materie in Raum und Zeit und als solche vierdimensional. Graphik und Malerei sind zweidimensional, Skulptur ist dreidimensional. Verbindend zwischen den Medien Tanz und bildende Kunst (in ihren verschiedenen Sparten) ist vor allem Raum und Form, aber auch Inhalt und Ausdruck. Während die bildende Kunst ihre Werke (mit Ausnahme der kinetischen Kunst und des Films) in einer zwar oft bewegt scheinenden, aber doch unveränderlich verharrenden Gestalt prägt, ist das Wesen des Tanzes Veränderung. Bildende Kunst ist Gleichzeitigkeit, Tanz ist zeitliches Nacheinander. Bemüht man sich um eine Entsprechung oder Übertragung von einem Medium ins andere, so werden wesenseigene Charakteristika aufgehoben und gestaltverändernde Prozesse hinzugefügt.

Eine strenge „Übersetzung" ist nicht möglich, wohl aber ein Nachempfinden charakteristischer Merkmale, wobei dem Tanz aus der bildenden Kunst wesentliche Anregungen und neue Erfahrungen entstehen.

Die Improvisation sollte mit einfachen Themen beginnen, die gemeinsamen Elemente behandeln und nach Möglichkeit auch bildnerische Aktivitäten einbeziehen. Bei Vorbereitung und Durchführung bietet sich eine Zusammenarbeit mit dem Kunsterzieher in der Art eines „team-teaching" an. Punkte und Linien (Gerade, Kurven und Winkel) sind Ausgangsmaterial zur Bildung von Motiven, wie sie in der Ornamentik immer wieder vorkommen. Die Abgeschlossenheit eines Motivs und der Übergang zu einem neuen sind im bildnerischen Bereich an verschiedenen Materialien zu beobachten und auf tänzerischem Gebiet anzuwenden.

Eine andere Möglichkeit besteht in der tänzerisch-szenischen Darstellung von Bildinhalten. Selbstverständlich muß hier — wie bei Musik- oder Textauswahl — sehr sorgfältig überlegt werden, was die jeweilige Zielgruppe motivieren könnte, welche Bilder inhaltlich darstellbar sind. Von manchen Werken der bildenden Kunst geht eher eine Anregung aus, Grundsituation, Form oder Inhalt auf eigene Weise fortzusetzen oder zu verändern. Oft können Bilder als Motivationshilfe für Themen anderer Bereiche herangezogen werden. Auch Masken, Kostüme, Beleuchtung können als bildnerischer Beitrag zu tänzerischer Improvisation Verwendung finden.

Formelemente

Einführung
Punkte und Linien (kurvige, gerade und winklige) sind Elemente der Ornamentik.

Lernziel
Beobachten, Erkennen und Ausführen der genannten Elemente im graphischen, plastischen und tänzerischen Bereich (sowohl statisch als auch in der Bewegung, gestisch und lokomotorisch). Übertragen einzelner Elemente von einem Bereich in einen anderen.

Materialien
Biegbarer Draht, kurze Seile oder Schnüre, Zeichenmaterial.

Einstieg und Aufgaben
Siehe I, Raumerfahrung in der Bewegung: „Geradlinig — kurvig", Seite 52 f., dazu noch weitere Beispiele:
Die Hälfte der Teilnehmer hat Draht, Seile oder Malutensilien vor sich und entwirft ein einfaches Motiv (Halbkreis, Zickzack, Spirale, rechter Winkel, Kreuz usw.). Dies zeigt sie einem Teilnehmer der materiallosen Gruppe, der nun als Partner mitarbeitet. Er versucht, das Motiv zuerst körperlich-statisch, dann in der Bewegung (Air pattern oder Floor pattern) darzustellen. Hierauf entwirft er seinerseits ein ähnliches Bewegungsmotiv, das von seinem Partner in dessen Medium übertragen werden soll.

Ornamente

Einführung
Töpfereien, Schnitzereien, Stickereien, Schmuck und viele andere kunstgewerbliche Produkte der ganzen Welt sind mit Ornamenten geschmückt, die sich im wesentlichen aus den oben erwähnten Elementen zusammensetzen. Auch Tanzbewegungen können mitunter als Ornamente mit Schritten betrachtet werden. Unabhängig von der Überlegung, daß manche Ornamente vom Material bestimmt sind, einer bestimmten Epoche oder einem Kulturkreis zugehören, soll versucht werden, besonders eindrückliche Ornamente anderer Materialien auf den Körper zu übertragen bzw. körperliche Ornamente in andere Materialien zu transponieren.

Lernziel
Aus den im vorherigen Thema erarbeiteten Elementen sollen nun kleine Gestalteinheiten gebildet werden. Versuch der Übertragung von einem Medium ins andere. Erkennen von materialentsprechenden Formen.

Materialien
Malutensilien, Ton, Draht, Stickmaterial usw. Die Materialien können beliebig erweitert werden; notwendig sind Draht, Papier und Stifte (die anderen werden im

Rahmen einer Tanzstunde kaum zu beschaffen sein, wohl aber bei einem „integrated art workshop"), Anschauungsmaterial wie Fotos usw.

Einstieg
Der Leiter zeigt der Gruppe Anschauungsmaterial wie gewebte Borten, Stickereimotive, mit Ornamenten bemalte Keramik, Flechtmuster, Schmuck usw. Wer kann ein solches Ornament oder zumindest ein Motiv daraus in einem anderen Medium nachvollziehen?

Aufgaben
☐ Aus einigen Beispielen wählt sich die Gruppe ein besonders geeignetes aus. Jeder einzelne bemüht sich, dieses Ornament gestisch oder lokomotorisch oder in Verbindung beider Grundformen auszuführen. Die Lösungen werden verglichen und besprochen. Welche Körperteile werden vorwiegend benützt? Könnte man statt mit den Händen auch mit anderen Teilen des Körpers Linien „zeichnen"? (Einzelaufgabe)
☐ Eine kleine Gruppe stellt sich als Reihe auf. Einer nach dem anderen führt das Motiv aus. Auf diese Weise entsteht ein fortlaufendes Ornament. (Gruppenaufgabe)
☐ Ein anderes Ornament, das aus mehreren Motiven besteht, wird auf mehrere Personen aufgeteilt und wie ein mehrstimmiger Ostinato in gestischer und lokomotorischer Weise ausgeführt. (Gruppenaufgabe)
☐ Ein Volkstanz, der aus nur wenigen Motiven besteht (z. B. ein Kolo), wird von einer Gruppe gezeigt. Die anderen versuchen, seine Schritt- und Raummotive graphisch oder plastisch auszuführen. (Einzelaufgabe)
☐ Paare bilden sich. A entwirft ein wiederholtes Bewegungsmotiv, B probiert es in einem anderen Material aus. (Partneraufgabe)

Bemerkungen
Dieser Aufgabe könnte noch ein drittes Medium, nämlich die Musik, hinzugefügt werden, so daß Motive also entweder zuerst visuell oder taktil, akustisch oder motorisch dargestellt und dann jeweils in die beiden anderen Medien übertragen werden könnten.
Das Thema ist besonders für Team-teaching geeignet und kann, erweitert durch Informationen und Reflexionen, als Thema eines „integrated art"-Unterrichtes verwendet werden.

Henry Moore: „Innere und äußere Formen", 1953/54 „Helmet", 1950

Einführung
Der Gedanke des Innen und Außen, der Wechselbeziehung von Kern und Schale, könnte auch verbal oder durch Objekte zur Improvisation anregen. Durch die künstlerische Gestaltung Henry Moores bekommt diese Idee eine besondere Färbung. Das Geöffnet-Sein der Form erlaubt Einsicht und weckt Verständnis für die Eigentümlichkeit der inneren Figur und der umhüllend-begrenzenden äußeren Gestalt.

Lernziel
Erfahren beider Situationen, unterschiedliche Interpretationen des Innen (Geborgenes, Beschütztes, Wachsendes, Bewachtes, Gefangenes, Kämpfendes usw.) und des Außen (Bergendes, Schützendes, Helfendes, Grenze, Abtrennung, Widerstand, Hindernis, Gefängnis usw.).

Materialien
Projektionen der genannten Plastiken.

Einstieg
Betrachten der Projektionen, kurzes Gespräch darüber. Wie ist dieses Thema körperlich darstellbar? Wie kann man der statischen Form der Plastik im tänzerischen Bereich eine Entwicklung geben?

Aufgaben
☐ Die ersten Versuche sollten am besten noch nicht ganzkörperlich und mit Partnern, sondern für sich und partiell — z. B. mit den Händen alleine — ausprobiert werden. Wie können also Hände eine Schale oder einen Kern darstellen? Wie ist beides miteinander zu verbinden? (Einzelaufgabe)
☐ Partner finden sich zusammen. A bildet mit einer oder beiden Händen eine Form, B umgibt sie mit einer „äußeren Form". Jede Veränderung des Innen beeinflußt das Außen und umgekehrt. (Partneraufgabe)
☐ Sehr bald genügen die Möglichkeiten der Hände nicht mehr, ein ganzer Körper wird zum Zentrum, mehrere Teilnehmer bilden miteinander die Umhüllung. Daraus ergeben sich verschiedene Entwicklungsmöglichkeiten.
☐ Je nach Auffassung der miteinander improvisierenden Gruppe kann das Geschehen nun zu einem organischen Prozeß werden, bei dem das Wachstum des inneren Kerns die Veränderung und das Mitwachsen der Hülle bewirkt, bis diese gesprengt wird.
☐ Die äußere Begrenzung kann auch als Festes, als Mauer oder Gefängnis verstanden werden, gegen dessen Grenzen das Innere stößt, sie durchbrechen und zerstören will.
☐ Die Umformung des Außen kann sich auf das Innen auswirken, das bestrebt ist, neu entstehende Innenräume zu füllen.

Bemerkungen
Diese Interpretation kann unter Umständen zu wirklichen Angstgefühlen des Eingeschlossenen führen. Ihre Entwicklung sollte vom Leiter sorgfältig verfolgt und notfalls unterbrochen werden.

Michael Lekakis: „Dance", 1958
Alexander Archipenko: „Danse", 1912

Einführung
Die beiden Plastiken, deren Entstehungszeit fast 50 Jahre
auseinanderliegt, können auch einzeln als Thema verwendet
werden. Interessanter erscheint jedoch die Gegenüber-
stellung, da in den meisten Fällen durch den Kontakt der
beiden Auffassungen die Extreme der tänzerischen Darstellung verstärkt werden.

Lernziel
Die Plastiken dienen als Ausgangspunkt, wobei Berührung
und charakteristische Dynamik als gegeben angesehen
werden. Die zeitliche Ausschnitthaftigkeit der Figuren soll
in eine zeitliche Entwicklung umgeformt werden.

Materialien
Projektion der fotografischen Aufnahmen der beiden
Werke.

Einstieg
Betrachten der Projektionen, Sammeln von Eindrücken.
Charakterisieren der beiden Skulpturen.

Aufgaben
- [ ] Paare bilden sich und versuchen, den dynamisch-
  räumlichen Ausdruck der von ihnen vorgezogenen
  Plastik für sich zu empfinden und herzustellen.
- [ ] Es sollte vom Leiter darauf hingewiesen werden,
  daß es sich nicht um das Nachvollziehen von Stellungen
  handelt, denn beide Plastiken sind als sich verändernde
  Bewegung, nämlich als Tanz zu verstehen.
  Wie kann sich die intensive Spannung, der Druck und
  Gegendruck der Archipenko-Skulptur in Bewegung
  verwandeln? Es soll ein ausbalanciertes Gegeneinander
  bleiben, während die fließenden Linien der Lekakis-
  Plastik zu einem Miteinander verschmelzen.
- [ ] Die aus jeder Plastik erkennbare Dynamik und
  Raumform muß sich auch auf die zeitliche Ausführung
  der Bewegung auswirken. Im allgemeinen bewirkt die
  Idee von Lekakis eine kontinuierliche, rubatoartige
  Darstellung mit fließenden Übergängen und leichten
  Temposchwankungen, während das Werk von Archi-
  penko zu zeitlichen Extremen, nämlich zu scheinbarem
  Stillstand der Bewegung im äußersten Gegendruck,
  dann wieder zu plötzlichen und überraschenden neuen
  Attacken anregt.
- [ ] Wie könnten Anfang und Ende der Improvisation aus
  den beiden Plastiken abgeleitet werden?

Bemerkung
Dieses außerordentlich differenzierte Thema ist nur mit
Fortgeschrittenen zu bewältigen.

Paul Klee: „Die Zwitschermaschine"

Lernziel
Das Thema provoziert eine gestisch-akustische Darstellung.
Die Beziehung von tänzerischen Aktionen und akustischer
Begleitung muß überlegt und bewußt synchron oder
asynchron eingesetzt werden. Ein kleiner, nahezu abstrakter
Handlungsverlauf ist zu erfinden.

Materialien
Projektion des Bildes, Instrumente oder Tonband und
Mikrophon. Eventuell Requisiten.

Einstieg
Der Titel allein kann zur Fragestellung werden. Was ist
eine Zwitschermaschine? Wie kann so etwas aussehen?
Was zwitschert? Was ist eine Maschine? Was bewegt sich
an dieser Maschine? Erst nachdem die Teilnehmer selbst
Vorschläge gemacht haben (die wahrscheinlich höchst
originell ausfallen werden), wird Klees Bild projiziert.

Aufgaben
- [ ] Das Bild ist nicht als ständige Vorlage zu benützen,
  sondern soll nur die Grundidee und eine Möglichkeit
  zur Realisation geben. Was ist „zwitschern"? Geräusche
  werden versucht, mit Stimme, Pfeifen, konventionellen
  und unkonventionellen Instrumenten. Im ganzen sollte
  der Charakter eher leicht, hell und beweglich sein.
- [ ] Jeder für sich erprobt Koordinationsmöglichkeiten von
  kleinen, maschinenartigen Bewegungen und Geräusch-
  begleitung, wobei der Schwerpunkt bewußt auf
  synchroner oder asynchroner Ausführung liegt.
- [ ] Trennung von Bewegung und Begleitung. A arbeitet
  an seinem tänzerischen Motiv, B begleitet mit Stimme
  und/oder Instrumenten.
- [ ] Kleine Gruppen schließen sich zusammen. Die
  Zwitschermaschinchen versuchen, die einzelnen Aktionen ihrer Teilnehmer zwar nicht unbedingt logisch, aber
  wirkungsvoll zusammenzufügen oder neu aufzubauen.
  Es ist hilfreich, wenn ein Spieler nach dem anderen
  einsteigt, so daß sowohl in der Bewegung als auch in
  der Begleitung bewußt auf das schon Vorhandene
  eingegangen werden kann.
- [ ] Anfang und Ende des Geschehens sind zu überlegen
  (ein Tanz muß Anfang und Ende haben, ein Bild
  braucht dieses Problem nicht anzugehen). Anregungen
  von seiten des Leiters sollen nur dann erfolgen, wenn
  der Gruppe selbst nichts mehr einfällt.

Bemerkung
Die Aufgabe kann auch mit Kindern versucht werden,
allerdings sollten sie über einige Erfahrung im Zusammenspiel von Musik und Bewegung verfügen.

Skulpturen: Werke Henry Moores mit
dem Thema der inneren und umhüllen-
den Form sind Ausgangspunkt dieser
Improvisation. Die sich verändernde und
erweiternde Außenform ermöglicht die
Expansion der inneren Figur; aber auch
die Bewegungsansätze der umschlossenen
Gestalt wirken sich auf die Verformung
der „Schale" aus.

Lekakis

Zwei Skulpturen: Die fließende
Bewegung in der Plastik von Lekakis
und der spannungsvolle Druck in der
Skulptur von Archipenko werden in
einer längeren Sequenz nachvollzogen.

Archipenko

Zwitschermaschine: Die szenisch-gestische Darstellung von Paul Klees Zwitschermaschine
wird durch möglichst unterschiedliche Geräusche begleitet.

„Zehn-Armium": Gruppenstudie mit Armen. Als Vorstellungshilfe diente die Idee wachsender Halme.

Graphisches Motiv: Ein gezeichnetes
Motiv wird durch Begleitung auf Congas
und Gong in eine audiovisuelle Gestalt
gebracht und von Dreiergruppen in
verschiedenen Formen tänzerisch interpretiert.

Graphische Partituren

Einführung

Die Umsetzung von tänzerischen Aktionen in graphische Symbole ist ein Problem, das zu sehr intensiven Auseinandersetzungen Anlaß gibt. Es handelt sich dabei in besonderem Maße um subjektive Interpretationen (wie übrigens auch in musikalisch-graphischen Notationen, doch ist das Problem im Tanz durch die Bedeutung des Raums komplexer).

Lernziel

Gemeinsames, Ähnliches und Unterschiedliches soll zwischen Tanz, Musik und Graphik gefunden werden. Oft sind nur Entsprechungen zwischen zwei der drei Medien zu finden. Darüber hinaus soll der Mut zur eigenen Subjektivität gestärkt werden, aber auch die Bereitschaft geschaffen werden, diese mit Argumenten zu vertreten.

Materialien

Eine vom Leiter vorbereitete, großflächig gezeichnete graphische Partitur, große Papierbögen, Malutensilien. Eventuell Dias. Instrumente.

Einstieg

Einzelne Elemente einer graphischen Partitur werden ausschnitthaft gezeigt (als Dia vorbereitet oder auf großflächiges Papier gemalt). Was könnte dieses Zeichen bedeuten, welche Bewegungen würden es interpretieren?

Aufgaben

☐ Das erste Element wird, ausgehend vom graphischen Symbol, zuerst in eine Aktion, dann in eine entsprechende Begleitung gebracht und in der akustisch-tänzerischen Ausführung vom einzelnen oder von mehreren wiederholt ausgeführt. Die Dimension der Bewegung, ihre Intensität und ihr Raumweg können ebenso wie Klangfarbe und Dynamik der Begleitung vom graphischen Zeichen her interpretiert werden.

☐ Das nächste Beispiel hat seinen Ausgangspunkt in der Bewegung. Eine Fortbewegung von einem Ort zum anderen kann vorsichtig und zurückhaltend sein, „dünn" in der Ausführung oder energievoll. Wie in der graphischen Entsprechung kann sie unterbrochen werden, kann abrupt aufhören oder in einem Decrescendo auslaufen. Sie kann auch von der geraden Linie abweichen, in Kurven oder Zickzack übergehen, sie kann kurze Wegstrecken mit langen Pausen verbinden oder umgekehrt usw. Jeder Teilnehmer hat die Aufgabe, sein Motiv auch zeichnerisch darzustellen und sich selbst dazu zu begleiten.

☐ Als dritte Möglichkeit ist beim nächsten Versuch die Musik initiierend. Jeder einzelne versucht, möglichst prägnante und wiedererkennbare Geräusche oder Töne mit seiner Stimme oder den zur Verfügung stehenden Instrumenten zu erzeugen. Ist das akustische Motiv „etabliert", so wird nach einer Entsprechung (oder auch einem bewußten Gegensatz) in der Bewegung gesucht. Wie kann man Klangfarben, Artikulation, Tondauer oder Tonhöhe ins Gestische und dann ins Graphische übertragen?

☐ Im Laufe der Improvisation haben sich gewisse Zeichen und Interpretationen als günstig und übertragbar erwiesen. (Dieses Thema muß durchaus nicht in einem zusammenhängenden Zeitabschnitt erfolgen, sondern sollte vielleicht besser mehrmals für kürzere Zeit an einer der drei Einstiegsmöglichkeiten realisiert werden.) Andere werden nur von ihren Erfindern verwendet und können sich in der Gruppe nicht durchsetzen. Die geeignetsten Motive sollen in Erinnerung gerufen werden, wobei man sich auf drei bis vier beschränken kann. Nun bilden sich Gruppen von 5 bis 7 Personen. Die Motive werden von jeder Gruppe zu einer anderen „Partitur" geordnet, die dann sowohl klanglich als auch tänzerisch interpretiert wird.

☐ Die unterschiedlichen Ergebnisse — am besten durch Tonband, Partitur und Videoaufnahme festgehalten — werden besprochen und verglichen. Entsprechungen oder auffallende Gegensätze der an sich gleichen Zeichen sind noch einmal zu erörtern.

Bemerkungen

Erfahrungsgemäß führen die oft äußerst subjektiven Interpretationen und Vorlieben nicht selten zu heftigen Diskussionen. Die Formulierung der eigenen Meinung und die durch die Auseinandersetzung bekannt werdenden Argumente anderer gehören mit zu den Lernzielen dieses Themas. In einfacher Weise kann dieses Thema bereits mit 8- bis 10jährigen Kindern durchgeführt werden.

VI. Szenische Inhalte als Improvisationsanregungen

In diesem Kapitel finden sich vor allem Aufgaben, die zum weitaus größten Teil aus dem persönlichen Beobachtungsbereich der Teilnehmer stammen. Viele der Beispiele sind besonders für Kinder geeignet. Allen gemeinsam ist, daß etwas Konkretes dargestellt werden soll, in den meisten Fällen eine Handlung, die häufig im alltäglichen Leben beobachtet wurde. Einige andere stammen nicht aus dem Erfahrungsbereich, der von Gruppenmitgliedern vorausgesetzt werden kann. In diesem Falle sind die Themen entweder sehr bekannt oder durch ähnliche Erscheinungen unseres Lebens nachfühlbar. Die angeführten Themen können durch zahlreiche andere ergänzt werden. Allgemeine Lernziele sind: Schulung der Beobachtung, Finden von adäquaten Darstellungs- und Bewegungsformen, Anpassung an den Partner oder die Gruppe.

Vogelschwarm

Lernziel
Großräumige, grobmotorische Bewegung in freien Raumwegen mit fließenden Tempoübergängen. Raumorientierung, Führung der Gruppe oder Anpassung.

Materialien
Eventuell Projektion von Fotos mit Vogelschwärmen.

Einstieg
Der Leiter erzählt von Vogelschwärmen, auch die Teilnehmer berichten ihre Beobachtungen, eventuell werden Projektionen betrachtet.

Aufgaben
- [ ] Zu zweit oder in Dreiergruppen wird eine rasche, gleitende Lokomotion durch den Raum in kurvigen oder geraden Raumwegen erprobt, die Partner trennen sich und finden auch im raschen Tempo wieder zusammen. Die räumliche Führung wechselt. (Partneraufgabe)
- [ ] Immer größere Gruppen entstehen, treffen auf andere, die sich anschließen, teilen sich, bewegen sich in Gegenzügen und Kurven. Die Gruppe kann sich eventuell selbst durch Geräusche begleiten. (Gruppenaufgabe)
- [ ] Ein größerer Ablauf wird gemeinsam entwickelt und dann durchgeführt. Vom Erwachen der Vögel, dem Sich-Putzen und den ersten morgendlichen Bewegungen über das Treffen am Telegraphendraht bis zu den Probeflügen und dem endgültigen gemeinsamen Abflug kann eine zusammenhängende Szene entstehen.

Blumen und Pflanzen

Einführung
Dieses Thema, das sowohl in der Pantomime als auch im Kunsttanz immer wieder solistisch oder von Gruppen dargestellt wird, kann auch mit Kindern behandelt werden.

Lernziel
Kontrollierte grobmotorische Bewegungsausführung in ruhigem Tempo. Verbindung der Bewegungsausführung mit der Vorstellung der Pflanze (bei kleineren Kindern relativ undifferenziert, bei älteren bereits charakterisierend).

Materialien
Findet der Unterricht im Rahmen des Klassenunterrichts statt, so könnten Samen von Brunnenkresse auf feuchtem Löschpapier gezogen werden, so daß die Gruppe die Entwicklung der Keime verfolgen kann und eine gemeinsame Erfahrungsbasis vorausgesetzt werden kann.

Einstieg
- [ ] Das beschriebene Pflanzenexperiment wird gemeinsam betrachtet und in seiner Entwicklung rekapituliert.
- [ ] Fotos von Keimlingen, Blütenknospen u. ä., ein Zweig mit sich öffnenden Blättern oder Blüten.

Aufgaben
- [ ] Aus dem Samen (möglichst enge Körperform) wächst langsam ein Trieb (Hände oder Füße) am Boden entlang oder in die Luft, setzt Knospen an, diese öffnen sich, die Pflanze wächst weiter, wird größer, bewegt sich leicht im Wind. (Einzelaufgabe)
- [ ] Die Verschiedenartigkeit pflanzlicher Formen kann bei älteren Kindern in die Improvisation mit einbezogen werden. Wer stellt eine Schlingpflanze, eine hohe, schmale Pappel usw. dar? (Einzelaufgabe)
- [ ] Die Pflanzen reagieren auf Wind, der zuerst kaum merkbar weht, dann immer stärker und stärker wird und än den Gewächsen zerrt, sie vielleicht umwirft. Der Wind könnte durch einen an- und abschwellenden Cymbelton angedeutet werden.

Vulkan

Einführung
Dieses Thema ist für mitteleuropäische Länder glücklicherweise wenig brisant, es wurde jedoch in Ländern, in denen es tätige Vulkane gibt, von Teilnehmern in Improvisationskursen zu atemberaubenden Darstellungen gebracht

Lernziel
Gestalten einer großen dynamischen Steigerung, allein, dann aber vor allem auch in Gruppen. Unterscheidung zwischen einer vorbereitenden Stille voll spannungsreicher Befürchtung (vor dem Ausbruch) und der starren Stille danach.

Materialien
Eventuell Fotomaterial.

Einstieg
Gespräch über Vulkane und ihre Eruptionen, Beschreibung, eventuell Berichte von Teilnehmern über Fernsehsendungen.

Aufgaben
☐ Jeder einzelne versucht, für sich Momente aus dem Geschehen des Vulkanausbruchs aufzunehmen (z. B. immer stärker werdende Eruptionen, Herausschleudern von Lava und Felsbrocken, den zähen, unaufhaltsamen Fluß der Lava usw. (Einzelaufgabe)
☐ Eine Gruppe von Personen formt miteinander einen Berg, einen Vulkan, der langsam und von innen her in Unruhe und Bewegung gerät, von Eruptionen erschüttert wird, der Teile nach außen schleudert usw. Schließlich ebbt das Beben ab, Lava erstarrt, alles kommt zu einer gespenstischen Ruhe.

Wellen

Lernziel
Nachempfinden der Wellenbewegung, Erfahrung und Bewußtmachung sukzessiver Bewegung, differenzierte zeitliche Anpassung an den Partner. Nicht für Anfänger!

Materialien
Eventuell als Anschauungsmaterial ein großes Gefäß mit Wasser und kleinen Steinen.

Einstieg
Am Anschauungsmaterial werden Beobachtungen gemacht. Der Leiter bittet alle Teilnehmer, sich verschiedene Wellenformen ins Gedächtnis zu rufen (kleine Wellen bei leichter Brise, Meereswellen unterschiedlicher Stärke usw.).

Aufgaben
☐ Wellenbewegungen sollen durch die Arme oder den Rumpf laufen (im Stehen oder Liegen, z. B. Rückenlage). Das setzt allerdings bereits eine gut entwickelte Technik voraus. (Einzelaufgabe)
☐ Gruppen suchen sich ein bestimmtes Wellenthema (eventuell mit Hilfe oder auf Vorschlag des Leiters), z. B. kreisförmige Ausdehnung der Wellen nach einem

Steinwurf, Wellen bei Flut, das Abklingen der Wellen nach einem Sturm usw.
☐ Die Gruppe kann so formiert sein, daß jeder einzelne nur eine Wellenbewegung vollzieht, die so präzise zwischen denen seiner Nachbarn ausgeführt wird, daß wirklich eine wellenförmige Weiterbewegung durch die ganze Gruppe entsteht.
☐ Wellenbewegungen können auch in die Lokomotion getragen werden. Wobei auch das Zurückrollen der Wellen oder das Brechen der Wellenspitzen übernommen werden kann.

Wolken und Wind

Lernziel
Gestalten von Eindrücken aus der Erinnerung, Entwickeln einer nonverbalen, dynamischen Bewegungsausführung in der Gruppe, Wechsel von Anpassung und Führung.

Materialien
Keine.

Einstieg
Wer kann sich an die Form und die Bewegung von Wolken erinnern?

Aufgaben
☐ Wolken sind abhängig vom Wind (eventuell Begleitung auf hängendem Becken oder anderen Instrumenten), einmal gleiten sie leicht dahin, ein andermal werden sie stürmisch über den Himmel getrieben. (Einzelaufgabe)
☐ Bei Sturm fügen sich Wolken zu ganzen Wolkenfronten aneinander, die immer mehr Platz einnehmen, vom Wind wieder auseinandergerissen werden usw. (Gruppenaufgabe)

Jahreszeitliche Themen

Lernziel
Detailliert beschreibende, realistische Darstellung bei Anfängern, stärkere Stilisierung bei Fortgeschrittenen. Selbständige Gruppenarbeit in Planung und Ausführung.

Materialien
Eventuell Requisiten.

Einstieg
Welche Spiele und Bewegungsarten sind charakteristisch für bestimmte Jahreszeiten? Kann man daraus ein Gruppenratespiel machen?

Die Klopfmaschine: Die Bewegung eines Maschinenteils sollte sich folgerichtig auf andere Teile auswirken. Das spürt vor allem einer.

Aufgaben
- [ ] Jeder denkt sich eine für eine bestimmte Jahreszeit typische Aktion aus und zeigt sie den anderen, die herausfinden sollen, was sie darstellt und wann sie stattfindet. (Einzelaufgabe)
- [ ] Gruppen schließen sich zusammen, wählen eine Jahreszeit, diskutieren verschiedene Aktionen, probieren sie zu mehreren oder alleine. Die verschiedenen Lösungen werden gezeigt und besprochen. Musik kann dazu verwendet werden.

Fabelwesen

Lernziele
Umsetzen von phantastischen Erfindungen in die Wirklichkeit. Fabeltiere, Monster etc. werden auch von mehreren Teilnehmern zusammen gebildet. Standfestigkeit und Beweglichkeit müssen einkalkuliert werden. Erfinden von kleinen Szenen.

Materialien
Unter Umständen anregende Literatur (Fabeln, Sagen, Bilderbücher etc.). Eventuell Material zum Verkleiden. Hinweise im Anhang.

Einstieg
Der Leiter liest eine kleine Geschichte, Ballade vor (z. B. „Die Ballade vom Herrn Latour", in Allerleirauh, Seite 342, hrsg. von H. M. Enzensberger; „Das Biest des Monsieur Racine", von Tomi Ungerer).

Aufgaben
- [ ] Wie kann so ein Fabelwesen aussehen? Wie kann man seine übermenschliche Größe darstellen? Wie bewegt es sich? (Einzelaufgaben)
- [ ] Kleingruppen versuchen verschiedene Darstellungen. Unter Umständen kann das Monster aus drei oder vier Personen gebildet werden. Damit wird allerdings seine Beweglichkeit eher gefährdet. Durch Verkleiden kann das Tier noch aufregender werden. Mit mehreren Instrumenten kann eine Monstermusik dazu improvisiert oder festgelegt werden.
- [ ] Um die verschiedenen Fabelwesen können kleine Szenen erfunden oder aus Geschichten übernommen werden. Drachenkämpfe gibt es zahlreiche in der Literatur oder im Film. Sie können aber auch frei erfunden werden. Ausgehend von der Idee des Monsters, kann ein szenisches Spiel mit Tanz, Musik, Sprache, Kostümen entwickelt werden.

Bemerkung
Das Thema könnte Kindern die Möglichkeit geben, z. B. unverarbeiteten Fernseheindrücken Gestalt zu geben und zu lösen.

Statuen

Lernziele
Bewußtwerden der Zusammenhänge zwischen Haltung, Ausdruck und Persönlichkeit. Mitwirkung jedes einzelnen an der „offenen Handlung" durch verbale oder pantomimische Einwirkungen und Beiträge.

Materialien
Unter Umständen Fotos verschiedener Statuen unterschiedlicher Charakteristik und Stile.

Einstieg
Die Fotos werden betrachtet, wie könnte diese Person im Leben gewesen sein? Kann man aus ihrer Haltung, Kleidung und Gestalt etwas darüber erkennen? Was würde sie tun, wenn sie lebendig werden würde?

Aufgaben
- [ ] Jeder Teilnehmer denkt sich eine Statue (bekannt oder erfunden) und versucht, sie möglichst deutlich in Haltung und Ausdruck darzustellen. Die verschiedenen Figuren sollen erraten werden. (Einzelaufgabe)
- [ ] Einige Statuen werden ausgewählt, um jede bildet sich eine Gruppe, die Figur wird durch Aktionen der Gruppe oder von selbst lebendig, unternimmt verschiedene Dinge, kann Kontakt zu den einzelnen Gruppenmitgliedern aufnehmen, pantomimisch oder sprachlich dialogisieren usw. Welcher Schluß läßt sich für jede Szene finden?

Computer-Maschine

Lernziel
Verständnis für einander ergänzende und sich gegenseitig bewirkende Bewegungsvorgänge. Erkenntnis der Notwendigkeit von Präzision. Beobachtung und Einordnung.

Materialien
Als Anschauungsmaterial könnte ein kleiner Motor oder das Innere eines Uhrwerks dienen.

Einstieg
Betrachtung des Anschauungsmaterials. Beobachtung der Fortsetzung von Impulsen, der Übertragung von einem Teilchen auf andere.

Aufgaben
- [ ] Jeder Teilnehmer versucht, für sich alleine durch eine immer wiederkehrende, „automatisierte" Bewegung eine andere auszulösen, wobei sich eine ständige Wiederholung ergibt. (Einzelaufgabe)
- [ ] Die gleiche Aufgabe wird von mehreren gemeinsam gelöst. Das Gelingen ist abhängig von präziser

rhythmischer und bewegungsabhängiger Ausführung. (Gruppenaufgabe)
- ☐ Die Maschine geht durch übersteigertes Tempo oder Materialfehler kaputt. (Gruppenaufgabe)
- ☐ Mensch und Maschine. Der Mensch kann von der Maschine zerstört oder von ihr selbst zur Maschine gemacht werden, aber er kann sie auch zum Stoppen bringen oder umfunktionieren. Mehrere Gruppen arbeiten an einem von ihnen selbst gewählten Thema dieser oder ähnlicher Art. (Gruppenaufgabe)

Bemerkungen

In seiner einfachsten Form kann das Thema bereits mit Kindern verwendet werden, die mit mechanischen Baukästen (Matador, Lego, Fischer usw.) umgehen können. Die eher philosophische Auslegung sollte nicht vor der Pubertät versucht werden und setzt die anderen Aufgaben voraus.

David und Goliath

Lernziel

Typisierendes Körper- und Bewegungsverhalten soll erkannt und dargestellt werden. Spontane Reaktion auf Partnerverhalten.

Einstieg

Die Geschichte aus der Bibel kann als Anregung dienen. Auch ein allgemeines Gespräch über die Ungleichheit von körperlichen und geistigen Fähigkeiten. Beispiele können auch aus Comics herangezogen werden („Asterix und Obelix" u. ä.). Die Aufgaben müssen dementsprechend abgeändert werden.

Materialien: Keine

Aufgaben

- ☐ Wie ist das Körperverhalten eines Kraftprotzes und Angebers? Sein Gang, seine Haltung und Bewegung werden von jedem einzelnen darzustellen versucht.
- ☐ Wie benimmt sich der kleine wendige, aufmerksam-kluge David?
- ☐ Die Szene wird paarweise improvisiert, auch verbale Dialoge können einbezogen werden. Auch eine erfundene Sprache kann dazu verwendet werden. Rollentausch.

Labyrinth

Lernziel

Einwirken von Vorstellungen auf das Raumverhalten, Enge, Bedrückung und vorsichtiges Tasten werden dargestellt. Umschwung des Verhaltens nach dem Verlassen des Labyrinths soll deutlich werden.

Tennismatch: Aufschlag und Rückhand werden vom Partner und den Zuschauern gespannt beobachtet.

Materialien

Keine.

Einstieg

Der Leiter erzählt die Geschichte vom minotaurischen Labyrinth auf Kreta, die Teilnehmer ergänzen durch Berichte von Irrgärten.

Aufgaben

- ☐ Der Leiter beschreibt die Situation während der Improvisation, spricht also mit, alle befinden sich am Eingang einer Höhle, wagen sich hinein, der Raum wird enger und finsterer, die Decke immer niedriger; schließlich muß man kriechen. (Einzel- oder Gruppenaufgabe)
- ☐ Mehrere finden sich im Labyrinth, fassen sich an, um sich nicht zu verlieren. Veränderungen des Weges, Ecken, Verengungen, Kriechstellen usw. müssen also jeweils am selben Platz ausgeführt werden.
- ☐ Die Gruppe erwartet den Minotaurus (auch Theseus wird nicht alleine gekämpft haben). Alle sind sehr vorsichtig, es kommt zum Kampf auf engstem Raum mit ihm (bei Kindern findet sich unter Umständen niemand, der den Minotaurus spielen will, dann kann der Kampf auch gegen ein fiktives Ungeheuer geführt werden). Nachdem sie ihn besiegt haben, tasten sie sich am roten Faden zurück zum Eingang.
- ☐ Nach der gemeinsamen Rettung führen sie im Freien einen Freuden- und Siegestanz auf.

Bemerkungen

Unter Umständen kann die Improvisation auf die ganze Theseussage ausgedehnt werden. Der Leiter muß vor allem Kinder sehr aufmerksam beobachten. Bei sehr phantasievollen Kindern kann manchmal eine Identifikation mit der Situation eintreten, die sie wirklich Panik und Angst empfinden läßt.

Tennismatch

Lernziel

Nachvollziehen einer typischen Bewegung aus der Erinnerung. Deutliche Ausführung in Dynamik und Ausmaß der Bewegung durch Antizipation der beabsichtigten Schlagbewegung. Präzise Beobachtung des Partners und rasche Reaktion auf seine Aktionen.

Materialien
Keine.

Einstieg
Der Leiter liest aus der Zeitung eine Reportage über ein Tennismatch. Teilnehmer berichten, wer Tennis spielt, wer öfters bei einem Turnier zugesehen hat usw.

Aufgaben
☐ Jeder einzelne versucht, mit dem imaginären Schläger Vorhand und Rückhandschläge, Aufschläge, Schmetterschläge, Schmetterbälle werden versucht. (Einzelaufgabe)
☐ Paarweise wird nun miteinander gespielt. Aus dem Ansatz der Bewegung soll erkannt werden, ob der Ball weit oder kurz geschlagen wird, ob er ins Netz oder ins Out geht usw. Außer den entsprechenden Bewegungen sollte vor allem der Blick den Ball ständig verfolgen und so erkennen lassen, wo ihn der Spieler annimmt. (Partneraufgabe)
☐ Schließlich können noch andere Personen einbezogen werden (Schiedsrichter, Balljungen, Publikum usw.).

Bemerkung
Auf ähnliche Weise können auch andere Sportarten, (z. B. Pingpong, Fußball), Olympische Spiele usw. zu Improvisationsthemen verwendet werden.

Jahrmarkt

Einführung
Je nach Land und Region heißen solche Veranstaltungen auch Kirchtag, Volksfest, Oktoberfest oder nach dem Ortsheiligen.

Lernziel
Beobachten des Geschehens, Auswahl nach den Übertragungsmöglichkeiten in Tanz, Musik und verwandte Medien. Imitation und eigenständige Ausschmückung der miterlebten oder durch Bilder und Erzählungen angeregten Geschichten.

Materialien
Eventuell alte Bilderbogen mit Seiltänzern, Bärenführern, Akrobaten, Händlern.

Einstieg
☐ Nach Möglichkeit ein gemeinsamer Besuch einer solchen Veranstaltung. Gespräch über die einzelnen Ereignisse, Diskussion über die Auswahl der Motive.
☐ Ist dies nicht möglich, so bieten sich alte Bilderbögen als Anschauungsmaterial an. Bei Kindern muß selbstverständlich erklärt werden, warum da alles so anders beschrieben ist als auf den ihnen bekannten Festen.

Aufgaben
☐ Die vorgeschlagenen Themen werden gesammelt, eventuell an die Tafel geschrieben (z. B. Autodrom, Karussell, Billiger Jakob, Gespensterbahn, Kasperltheater, der Mann mit dem dressierten Affen, „Hau den Lukas" oder „Watschenmann" usw.).
☐ Die Teilnehmer wählen sich ein Thema aus und versuchen, einzeln, in Paaren oder Gruppen die einzelnen Szenen zu realisieren.
☐ Die Einzelszenen werden zusammengestellt, Spaziergänger, Kinder usw. gehen an den Buden vorbei, werden angerufen und zum Besuch aufgefordert, kaufen etwas, sehen sich Darbietungen an. Währenddessen finden an mehreren Orten des Raums, der zum Jahrmarktsplatz umfunktioniert wurde, unterschiedliche Szenen zu gleicher Zeit statt.

Bemerkung
Das Thema eignet sich zu einer späteren Ausarbeitung und zur Verbindung mit Musik und Kunsterziehung. Auch „Zirkus" kann in ähnlicher Weise dargestellt werden.

Anhang

1. Schallplattenbeispiele

Diese kleine Sammlung von Schallplattenbeispielen soll eine Hilfe und erste Anregung für diejenigen Leser sein, die sich selbst noch keine individuelle Unterrichts-Diskothek zusammengesucht haben. Die Auswahl muß subjektiv und ausschnitthaft sein. Bei manchen Beispielen werden einzelne Stücke erwähnt oder Anwendungsmöglichkeiten vorgeschlagen.

Außereuropäische Tanzmusik

Serien

UNESCO-Reihe: Musik des Orients. Herausgeber Alain Daniélou. Bärenreiter, Musicaphon

Musique folklorique du Monde: Production Musidisc-Europe, Frankreich

Song and sound the world around: Produktion Philips

Musikalische Quellen: Herausgeber Alain Daniélou für UNESCO. Produktion Philips Phonogram International, Niederlande

Musikalischer Atlas: Herausgeber Alain Daniélou. Produktion Odeon/EMI, Italien

Amerika

Les fabulaux rhythmes de Rio: Ecole de Samba Dom Um und Jadir Castro Barclay 920.463 (Erwärmung, rhythmische Improvisation)

Steel drums: the native steel drums band. Everest Records 2064 (Tradition, ostinatoähnliche Strukturen)

Urubamba: Südamerikanische Musik auf Originalinstrumenten. CBS 580 158

La flute indienne: Musik aus Ecuador, Bolivien, Kolumbien, Argentinien und Mexiko auf Originalinstrumenten. Barclay 820 054

Los Incas: Tänze und Lieder aus Südamerika. Philips Twen-Serie 842 101

Iroquois: Social Dance Songs der Irokesen. Irocrafts R.R.2 Ohsweken. Ontario, Kanada

Afrika

Makeba: Miriam Makeba singt Lieder aus und an Südafrika. Reprise Records. RS 6310

Music of Africa: Music of the Malinke and the Baoulé auf Originalinstrumenten mit kurzen Erklärungen. XTRA 1124

Missa Luba: Les Troubadours du Roi Baudouin. Kongolesische Folklore. Fontana 858 605

Israel

Hillel and Aviva sing by the Pomegranate Tree: Lieder, begleitet von Hirtenflöte und Trommel. MMS 90 (Shepards dance — Flöte und Trommel)

Magdalith: Biblische Gesänge. Christophorus CV 75043

Polynesien

Archipel du Tiki: Rhythmen, Lieder und Tänze. BAM LD 333 (kurze rhythmische Tänze für Gruppenarbeit)

Rumänien

Improvisation pour flute de pan et orgue: Georges Zamphir und Marcel Cellier. Festival FLD 617

La Boina Roumaine (G. Zamphir). Festival FLD 544 (Disques Cellier)

U-Musik — Classic Pop

Swingle Singers (Jazz Seb. Bach). Philips P 77 921 L

Come Bach (P. Gossez). Barclay 80251 S

Jeux Interdits (Narciso Yepes). SMD 1349 Telefunken/Decca

Handle with Care. Ariola 74 451 (Erwärmung, Kommunikationsspiele)

Play Bach. Jacques Loussier

Bourée, Jethro Tull. Island Records WIP 6068 (Single) (Improvisation von Variationen)

Pop

Herbie Hancock: Man-child. CBS 69 185

Herbie Hancock: Head Hunters. CBS S 65 928

Jethro Tull: Stand up. Chrysalis Production 849 303 (Island)

Scott Joplins: Piano Rags, Jazz Anthology 30 JA 5137

Santana: Jingo Persuasion. CBS 4612 (Single) (Jingo — große Steigerung)

The Who: See me, feel me, touch me. Polydor 2121 010

Pink Floyd: The Piper at the Gates of Dawn. Columbia/EMI C 062 04 292 (lange Stücke, themenlose Improvisation)

Hot Butter: Popcorn. Musicor Records 12 236 At

Dave Brubeck: Greatest Hits. CBS 62 710 (Take five, unsquare dance etc.)

Ginger Baker: Air Force. Polydor 2662 001 (Schlagzeug solo, Seite 2)

Filmmusik

Ennio Morricone: Spiel mir das Lied vom Tod (Seite 1, Nr. 2 und 4, Spannungssteigerung)

Renaissance-Musik

Frühe Musik in England, Flandern, Deutschland und Spanien:
Studio für frühe Musik. Telefunken, AWT 9432 C
„Ich spring' in diesem Ringe" — Tanzstrophen)
Musik der Minnesänger, Meistersinger und der Renaissance.
GC 313. Aufnahme des europäischen Phonoklubs,
Stuttgart (Tanzlieder)
Chorearum Collectanea: Camerata Hungarica Ensemble.
Instrumental Dances of the late Renaissance. Hungaroton
LPX 11498
Tanzmusik der Renaissance: Harmonia Mundi 30610
Tanzmusik der Renaissance: Archiv Produktion 2533 111
Tanzmusik der Praetorius-Zeit, Archiv Produktion 198 166
Pavanen-Gagliarden: Fidulafon 1100
Danses du 13e siècle. Archiv Produktion 370
(Rotta usw.)
Songs and Lute Solos of Shakespeare's Time. Oryx 726
(Strike it on Tabor — Tanzlied)

Elektronische Musik

Sonic Seasoning (Walter Carlos). Temp-Production.
CBS S 67267
Electronic Music (Lewni-Richter, Mimaroglu, Avni, Carlos).
Turnabout TV 34004 S
Electronic Music III (Berio, Druckman, Mimaroglu).
Turnabout TV 34177

Meditationsmusik

Music for Zen-Meditation (Tony Scott). Verve V6 8634
(Blindimprovisation, Slow motion)
A Meditation Mass (Yatha Sidhra). Metronome Recorders
Inside (Paul Horn). CBS INc/Epic EPC 65201

Avantgarde und experimentelle Musik

Avantgarde-Serie: Deutsche Grammophon Gesellschaft
Acustica (Mauricio Kagel): DGG 2707 059

2. Texte

Nicolas Guillen: Sensemayá

¡Mayombe-bombe-mayombé!
¡mayombe-bombe-mayombé!
¡mayombe-bombe-mayombé!

La culebra tiene los ojos de vidrio;
la culebra viene y se enreda en un palo;
con sus ojos de vidrio, en un palo,
con sus ojos de vidrio.

La culebra camina sin patas;
la culebra se esconde en la yerba;
caminando se esconde en la yerba,
caminando sin patas.

¡Mayombe-bombe-mayombé!
¡mayombe-bombe-mayombé!
¡mayombe-bombe-mayombé!

Tú le das con el hacha, y se muere:
¡dale ya!
¡No le des con el pie, que te muerde,
no le des con el pie, que se va!

Sensemayá la culebra,
sensemayá.
Sensemayá con sus ojos,
sensemayá.
Sensemayá con su lengua,
sensemayá.
Sensemayá con su boca,
sensemayá . . .

La culebra muerta no puede comer;
la culebra muerta no puede silbar;
no puede caminar,
no puede correr.
La culebra muerta no puede mirar;
la culebra muerta no puede beber;
no puede respirar,
no puede morder!

¡Mayombe-bombe-mayombé!
¡mayombe-bombe-mayombé!
¡mayombe-bombe-mayombé!

Sensemayá, la culebra
Mayombe-bombe-mayombé
Sensemayá, no se mueve
Mayombe-bombe-mayombé
Sensemayá, la culebra
Mayombe-bombe-mayombé
Sensemayá, se muriò

Aus: Editorial Losada, S.A. Buenos Aires

Nicolas Guillen: Sensemayá (Übersetzung)

Mayombe-bombe-mayombé . . .

Die Schlange hat Augen aus Glas,
die Schlange kommt und sie windet sich um den Pfahl

mit den Augen aus Glas, um den Pfahl
mit den Augen aus Glas.
Die Schlange kriecht ohne Pfoten,
die Schlange versteckt sich im Gras,
sie kriecht und versteckt sich im Gras,
sie kriecht ohne Pfoten.

Mayombe-bombe-mayombé . . .

Gib's ihr mit der Axt und sie stirbt
gib es ihr!
Aber nicht mit dem Fuß, denn sie beißt,
aber nicht mit dem Fuß, denn sie weicht!
Sensemayá, die Schlange
sensemayá
Sensemayá mit den Augen,
sensemayá.
Sensemayá mit der Zunge,
sensemayá.
Sensemayá mit dem Maul
sensemayá.

Die tote Schlange frißt nicht mehr,
die tote Schlange zischt nicht mehr,
geht nicht mehr,
läuft nicht mehr.
Die tote Schlange schaut nicht mehr,
die tote Schlange trinkt nicht mehr,
haucht nicht mehr,
beißt nicht mehr.

Mayombe-bombe-mayombé . . .

Sensemayá, die Schlange,
mayombe-bombe-mayombé
Sensemayá, rührt sich nicht
mayombe-bombe-mayombé
Sensemayá, die Schlange,
mayombe-bombe-mayombé
Sensemayá, ist tot!

In der Übersetzung von Erwin Walter Palm aus:
„Rose aus Asche". Spanische und spanisch-amerikanische Lyrik
seit 1900, Piper, München 1955.

Kinder der Scuola materna, Monte degli Ulivi (Sizilien): Il ragno fa un filo lungo

Il ragno fa un filo lungo;
va un po' giù, un po' su.
Tende dei fili fini tra i gerani
— non sono fili come quelli per
stendere i panni, sono tutti
imbrogliati, formano una rete
con tanti quadretti —

Una piccola mosca non ha
visto la ragnatela e ha sbattuto dentro;
è rimasta presa.
Il ragno nascosto
è venuto presto a mangiarla.

Die Spinne macht einen langen Faden;
sie geht hinunter, sie geht hinauf.
Sie zieht feine Fäden zwischen den Geranien —
es sind nicht Fäden wie die des Wäscheseils;
sie sind alle durcheinander;
sie bilden ein Netz mit vielen Vierecken.

Eine kleine Fliege hat das Spinnennetz
nicht gesehen und ist hineingeflogen.
Sie ist gefangen.
Die versteckte Spinne ist sofort gekommen
und hat die Fliege aufgefressen.

Aus: Girotondo. Herausgegeben und übersetzt von Helene
Bataillard, Monte degli Ulivi, Riesi (Verlag Servicio Christiano).

Deborah Ensign: Mirror, Mirror

As I look into the mirror, I see my face.
Then I talk to myself.
Then I play like I am in jail.
I pretend that I am bad.
I pretend sometimes that I am on stage.
I sing to myself. I introduce people.

Aus: Miracles, Poems by children of the English-speaking
world. Collected by Richard Lewis. Simon and Schuster,
New York 1966.

Deborah Ensign: Spiegel, Spiegel
(Übersetzung von Barbara Haselbach)

Wenn ich in den Spiegel schaue, sehe ich mein Gesicht.
Dann spreche ich zu mir,
dann spiele ich, ich wäre im Gefängnis.
Ich tue so, als wäre ich böse,
manchmal tue ich so, als wäre ich auf der Bühne.
Ich singe für mich selbst. Ich stelle Leute vor.

Eugen Gomringer: Sich zusammenschließen / vom rand

Sich zusammenschließen	vom rand
Sich zusammenschließen und sich abgrenzen	vom rand nach innen
die mitte bilden und wachsen	im inneren zur mitte
die mitte teilen und in die teile wachsen	durchs zentrum der mitte
in den teilen sein und durchsichtig werden	nach außen zum rand
sich zusammenschließen und sich abgrenzen	

Eugen Gomringer: Einanderzudrehen

einanderzudrehen und
aufeinandereinstellen

aufeinandereinstellen und
ineinandergreifen

ineinandergreifen und
einandermitteilen

einandermitteilen und
miteinanderdrehen

miteinanderdrehen und
voneinanderlösen

voneinanderlösen und
auseinanderkreisen

auseinanderkreisen und
einanderzudrehen

einanderzudrehen und

Aus: Worte sind Schatten. Konstellationen 1951—1968.
Rowohlt, Hamburg 1969.

Lafontaine: Die Ameise und die Grille

Der Sommer war lang und schön gewesen. Im Sonnenschein
hatte die Grille jeden Tag die Welt besungen. Alle Tiere hatten
den fröhlichen Liedern der Grille zugehört, und auch der
Rosengärtner hatte sich daran gefreut.
Einzig die fleißige Ameise hatte nicht Zeit gehabt, der
singenden Grille zuzuhören; denn sie hatte jeden Tag von früh
bis spät Kerne gesucht und Holz und Steine geschleppt.
„Die Grille ist ein faules Ding!" hatte sie jeden Tag gesagt.
Als es nicht mehr Sommer war und der eisige Nordwind über
das Land fegte, klopfte die Grille an das Haus der Ameise
und sprach:
„Erbarmt Euch meiner, gute Ameise! Eure Kammern sind
übervoll von Korn und guten Kernen und anderen köstlichen
Dingen! Ich leide Not und habe großen Hunger. Leiht mir
doch ein wenig Korn! Nächstes Jahr werde ich es zurückzahlen
mit Zinsen."
„So", entgegnete die hagere Ameise vorwurfsvoll, „was tatest
du denn zur Sommerszeit? Leichtsinnig sangest du in den Tag
hinein, während ich mich rackerte und mühte! Nun so geh und
tanze doch!"
Die Ameise gab der frierenden und hungernden Grille nicht
ein einziges Körnchen aus ihrer Vorratskammer.

Nacherzählt von Josef Hanhart, aus: Die Fabeln von
Jean de la Fontaine. Bilderbuch von Veronique Filozof-
Heuwinkel. Pharos Verlag o. Jahreszahl.

3. Literatur

Akademie der Künste: Dokumentation 1. Welt aus Sprache.
Erfahrungen und Ergebnisse. Berlin 1972
Anderson, Jack: The Dance, the dancer and the poem.
Dance Perspective Nr. 52. Materialien I und II. Maastrich
1974/75
Bossert, Helmuth: Ornamente der Völker. Tübingen 1959
Bossert, Helmuth: Theater der Mechanik. Ravensburg 1972
Cage, John: Silence. London 1968
Calder, Alexander: Ausstellungskatalog. Haus der Kunst.
München 1975
Calder, Alexander: A retrospective exhibition. Guggenheim
Museum. New York 1964
Daublebsky, Benita: Spielen in der Schule. Stuttgart 1973
Deharde, Friedel: Improvisationspädagogik in der ästheti-
schen Erziehung, erläutert am Beispiel des Tanzes, in:
Musik und Bewegung. Bern 1976
Ellfeldt, Lois: A primer for choreographers. Palo Alto,
California 1967
Flitner, Andreas: Spielen – Lernen. Praxis und Deutung des
Kinderspiels. München 1972
Flitner, Andreas (Hrsg.): Das Kinderspiel. München 1974
Gascard-Reich, Gisela: Tanzpädagogik, Bewegungsimpro-
visation und Szene. In: Ästhetische Erziehung, Improvi-
sation, Musiktheater. Hannover 1970
Gelewski, Rolf: Ver-ouvir-movimentar-se – dois metodos a
reflexos referentes a improvisacao na danca. Salvador
(Brasilien) 1973
Gomringer, Eugen: Worte sind Schatten. Hamburg 1969
Haselbach, Barbara: Tanzerziehung. 2. Auflage. Stuttgart
1975
Haselbach, Barbara: Tanz als Beitrag ästhetischer Erziehung
im Elementarbereich. In: Musik und Bewegung im Elemen-
tarbereich. München 1974
H'Doubler, Margaret N.: Dance – a creative art experience.
Madison, Milwaukee 1968
Heimann, P./Otto, G./Schulz, W.: Unterricht. Analyse und
Planung. Hannover 1965
Hentig, Hartmut von: Schule als Erfahrungsraum. Stuttgart
1973
Kandinsky, Wasilij: Punkt, Linie zu Fläche. Bern-Bümpliz
1969
Klee, Paul: Pädagogisches Skizzenbuch. Neue Bauhaus-
bücher. Mainz 1968
Konrad, R./Riefenstahl, P./Zacharias, G.: Ich, wir, wohin.
Differenzieren menschlichen Verhaltens durch Rhythmik.
Braunschweig 1972
Laban, Rudolf von: The mastery of movement. 2. Auflage.
London 1960
Langer, Susanne K.: Feeling and Form. A theory of art.
4. Auflage. London 1967
Lewis, Richard: Miracles – poems by children of the english
speaking world. New York 1966

124

Mettler, Barbara: Group dance improvisations. Tucson, Arizona, 1975

Mettler, Barbara: Materials of Dance. Tucson, Arizona, 1960

Nadel, M. H./Nadel, C. G.: The Dance Experiment. New York 1970

North, Marion: An Introduction to Movement Study and Teaching. London 1971

Percival, John: Experimental Dance. London 1971

Preston-Dunlop, Valerie: A handbook of modern educational dance. London

Read, Herbert: Henry Moore. München/Zürich 1975

Read, Herbert: Bild und Idee – Texte und Perspektiven. Köln 1961

Roth, Heinrich: Pädagogische Psychologie des Lehrens und Lernens. Hannover 1973

Schlemmer, Oskar: Der Mensch. Neue Bauhausbücher. Mainz 1969

Schuhmann, Peter: Puppen und Masken. Das Bread and Puppet Theatre. Frankfurt 1973

Schwenk, Theodor: Das sensible Chaos. 3. Auflage. Stuttgart 1963

Spieß, Werner: Victor Vasarely. Stuttgart 1969

Stockes, Edith M.: Word pictures as a stimulus for creative dance. London 1973

Todd, Mabel E.: The thinking body. New York 1937

Woodland, E. J. M.: Poems for movement. London 1966

Klaus Bertelsmann

Ausdrucksschulung

Unterrichtsmodelle und Spielprojekte für kreatives und
kommunikatives Lernen

Bildband, 111 Seiten, Großformat, kart. (Klett-Nr. 92060)

Bewegung, Pantomime, Schminkübungen, bildnerisches Gestalten,
Multi-Media-Projekte, Stegreiftheater sollen den Schülern das verschüttete
Arsenal der eigenen Mittel wieder zugänglich machen und Freude
an Gebärde, Mimik, Bewegung, an der intensiven Erfahrung des eigenen
Körpers vermitteln.

Klaus Bertelsmann, Kunsterzieher an der Hermann-Lietz-Schule,
Bieberstein, geht es nicht nur um eine Neuorientierung der Kunsterziehung,
sondern um das Aufbrechen von stereotypen Verhaltensweisen und
Kommunikationsmustern bei den Jugendlichen. Seine Unterrichtsmodelle
und Spielprojekte wenden sich an alle Pädagogen, die Ausdrucksentfaltung
und kreatives Lernen für wesentlich halten.

Barbara Haselbach

Tanzerziehung

Grundlagen und Modelle für Kindergarten, Vor- und Grundschule
4. Auflage 1984, 254 Seiten, Linson (Klett-Nr. 92326)

Neben dem systematisch aufbauenden Umgang mit den Bewegungs-
elementen des Tanzes spielt der fächerübergreifende Aspekt eine besondere
Rolle. Musik, Sprache und Bewegung gehören gleichermaßen zum Tanz.
Beispiele, wie man mit Kindergruppen Lieder, Verse oder Musikstücke
spielt, hört, tanzt, singt und darstellt, geben viele Anregungen, die sich
auch ausgezeichnet für die Gestaltung kleiner Aufführungen bei
Kinderfesten eignen.

Gunild Keetman

Elementaria

Erster Umgang mit dem Orff-Schulwerk
3. Auflage 1981, 200 Seiten, Linson (Klett-Nr. 92482)

Das Buch vermittelt Grundlagen für die praktische Arbeit mit dem
Orff-Schulwerk: Umgang mit dem Material, seine Auswahl, seine
Anordnung und methodische Vermittlung. Die aufgezeigten Variationsmöglichkeiten regen dazu an, auf eigenen Wegen die gesetzten Ziele
zu erreichen.

Gunhild Keetmann, die engste Mitarbeiterin Carl Orffs und Mitautorin
des Schulwerks, darf als die zuverlässigste Vermittlerin Orffscher
Musikpädagogik gelten.